다시 보는 십자가

다시보는 **십자가**

ⓒ **생명의말씀사** 2012

2012년 2월 29일 1판 1쇄 발행
2012년 5월 25일   3쇄 발행

펴 낸 이   김창영
펴 낸 곳   생명의말씀사
등   록   1962. 1. 10. No.300-1962-1
주   소   110-101 서울 종로구 송월동 32-43
전   화   (02)738-6555(본사), (02)3159-7979(영업부)
팩   스   (02)739-3824(본사), 080-022-8585(영업부)

지 은 이   라원기

기획편집   김정옥, 이은정
디 자 인   김혜진, 안흥섭
인   쇄   영진문원
제   본   정문바인텍

ISBN 978-89-04-15973-4 (03230)

저작권자의 허락없이 이 책의 일부 또는 전체를
무단 복제, 전재, 발췌하면 저작권법에 의해 처벌을 받습니다.

다시 보는 십자가

라원기 지음

"2,000년 기독교 역사상
십자가를 이렇게 설명하는 책은 없었다!"

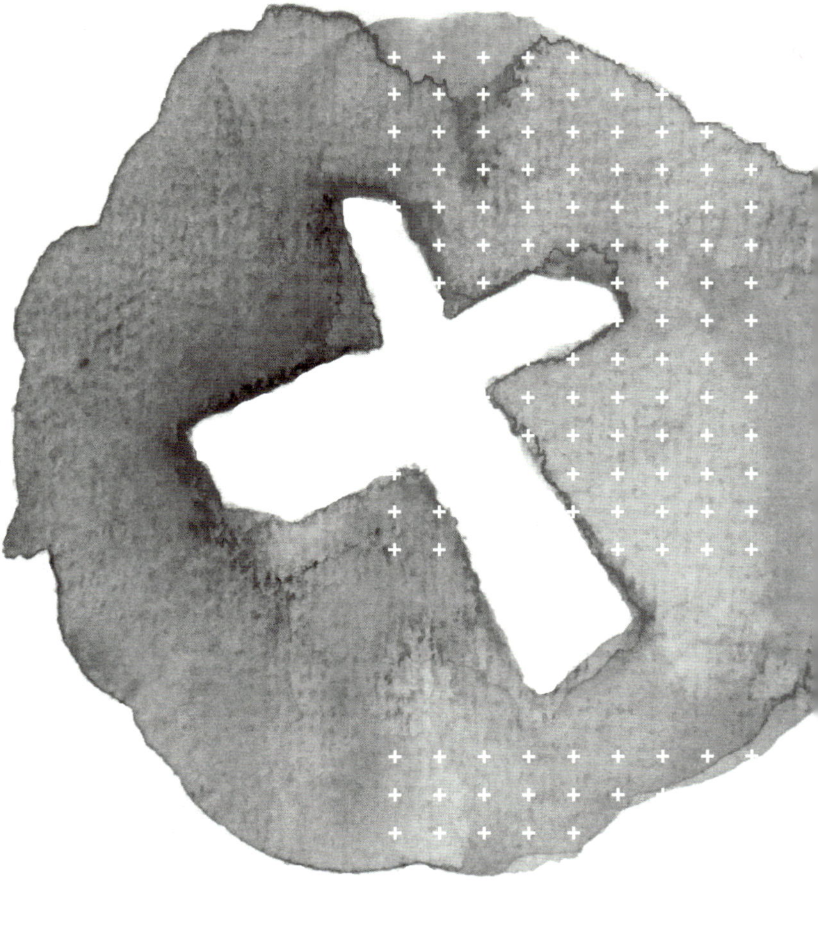

추천의 글

역사상 가장 위대한 사랑으로의 초대, '십자가로의 초대!'

하늘 아버지에게 최고 최대의 사건이자 하나님 사랑의 최후 확증인 십자가.

하나님의 지혜와 능력의 비밀인 그리스도 예수의 십자가.

사탄과 죄된 자아의 권세를 깨뜨린 권능의 십자가.

이 놀라운 십자가 복음이 천박한 세속과 인본주의에 뒤섞여 가리어지고 덧칠해지고 꾸며진 채 무기력해져서 '건축자의 버린 돌'처럼 취급되는 이때, '모퉁이의 머릿돌'처럼 가장 소중한 생명과 터로서 십자가를 제시하는 저자의 책은 우리로 하여금 그 십자가 앞에 직면하여 위에서, 아래서, 옆에서, 앞에서 보게 함으로써 "그러나 내게는 우리 주 예수 그리스도의 십자가 외에 결코 자랑할 것이 없으니……"(갈 6:14)라고 소리치게 할 것입니다.

– **김용의 선교사**(순회선교단 대표, 『십자가의 완전한 복음』의 저자)

전도자라 해도 막상 믿지 않는 청년들에게 십자가를 설명하려 할 때 대상에 따라선 막막할 때가 있다. 그럴 때 이 책을 선물로 주라! 십자가에 대한 모호한 이해나 의심을 확실히 뚫어줄 것이다!

최근에 십자가에 대한 어떤 책도 이만큼 성령의 기름 부으심과 풍부한 감동의 책을 찾기는 어려울 것 같다. 온유의 사람 라원기 목사님이기에 가능한 책이다.

- **김형민 목사**(대학연합교회 담임목사, CTS '청년 독수리' 진행자)

기독교의 핵심은 십자가다. 십자가가 사라진 기독교는 하나의 종교나 철학에 불과하다. 라원기 교수의 『다시 보는 십자가』는 예수 그리스도의 십자가를 전방위에서 살펴본 십자가의 결정판이라 할 수 있다. 점점 십자가가 사라지는 기독교의 가르침과 신앙인의 삶에 이 책은 십자가를 만나는 감격과 십자가로 말미암는 거룩한 변화의 메가폰이 될 것이다. 예수님을 만나기 원하는가? 십자가를 바라보라. 십자가를 체험하기 원하는가? 이 책을 펼쳐보라.

- **류응렬 교수**(총신대학교 신학대학원 설교학 교수)

목차

추천의 글 +4

시작하는 글 _ 왜 십자가인가 +9

1 밑에서 본 **십자가** _ 세상의 미련한 것 +16

1. 십자가는 하나님의 역발상 +19
2. 당시 사람들의 눈에 비친 십자가 +24
3. 현대인의 눈에 비친 십자가 +30
4. 하나님의 지혜를 선택하라 +34
   한 수 더 +40

2 위에서 본 **십자가** _ 하나님의 공의 +44

1. 십자가에 드러난 하나님의 공의 +47
2. 하나님의 완벽한 희생제사 +54
3. 십자가형의 처참함 +61
4. 예수님의 피의 능력 +68
5. 오늘날 현대인의 문제 +74
   대속의 원리 +80

3 매달려서 본 **십자가** _ 하나님의 사랑 +84

1. 십자가에 드러난 하나님의 사랑 +87
2. 십자가에 드러난 예수님의 사랑 +93
3. 십자가를 통한 하나님 이해 +100
   노란 손수건 +108

4 옆에서 본 **십자가** _ 하나님의 은혜 · 112

1. 기독교는 은혜의 종교 · 115
2. 대표성의 원리 · 123
3. 믿음의 중요성 · 132
   구원의 확신 · 142

5 내 속에서 본 **십자가** _ 자기 부인 · 146

1. 자기 부인의 중요성 · 149
2. 두 종류의 죽음 · 156
3. 십자가를 통한 자기 이해 · 160
   성녀 '데오도르' 이야기 · 168

6 지고 가면서 본 **십자가** _ 섬김과 희생의 삶 · 170

1. 값싼 기독교 · 173
2. 십자가와 제자도 · 180
3. 십자가와 사명 · 191
   날마다 십자가를 지는 삶 · 198

7 세상 속의 **십자가** _ 십자가를 증거함 · 204

1. 교회와 세상 · 207
2. 평신도 선교사 · 212
3. 십자가의 증거자 · 220
   세상의 빛과 소금이 된 여인 · 234

맺는 글 _ 십자가를 선포하라 · 240

나가는 말 · 250

시작하는 글

십자가는 중심이다.

십자가는 세상과 시간과 운명의 정중앙을 깊숙이 꿰뚫었다.

십자가는 하나님의 심장에 내리꽂혔다.

_ 프레드릭 노우드

시작하는 글

+

왜 십자가인가

저는 미국 9·11 테러 1주기 즈음에 어느 기독교 잡지에서 감동적인 사진을 본 적이 있습니다. 사실 그 사진은 테러가 일어났을 당시에도 신문에서 본 적이 있었지만, 1주기 즈음에 다시 보니 정말 가슴이 뭉클하였습니다.

그 사진은 바로 9·11 테러로 무너진 세계무역센터 잔해 위에 세워진 십자가 사진이었습니다. 그런데 놀랍게도 그 사진에 나오는 강철로 된 십자가는, 세계무역센터가 무너져 내린 잔해 속에서 발견된 거대한 철제빔으로 만든 십자가였습니다.

이는 기중기 운전자 프랭크 실레키아가 참혹한 9·11 테러 사건 후 3일째 되던 날 발굴 작업을 하던 중, 무너진 건물의 잔해 속에서 발견한 십자가형 철골이었습니다. 거듭난 신자인 그는, 그 십자가를 보는 순간 갈보리 언덕의 십자가가 생각나 20분 정도 흐느꼈다고 합니다.

저는 그분의 심정을 이해할 수 있습니다. 9·11 테러로 생긴 파편이 트럭으로 10만 8,342대 분이었다고 하니 그 현장에서 발굴 작업을 하던 그의 심정이 어떠했겠습니까? 얼마나 마음이 아프고 절망적이었겠습니까? 그런데 놀랍게도 그 잔해 가운데서 십자가가 발견되었으니 얼마나 감격스럽고 놀라웠겠습니까? 그 후 이렇게 세워진 십자가에 사람들이 찾아와 예배와 기도를 드리며 치유의 은총을 경험했다고 합니다.

그 십자가 사진과 십자가로 인해 치유받은 사람들에 관한 이야기를 읽으면서, 한 가지 생각이 떠올랐습니다. '십자가가 무엇인가? 도대체 십자가가 무엇이기에 사람들이 그 참혹한 절망의 현장에서 철골로 된 십자가를 보며 소망을 발견하고 치유를 경험하는 것인가?'

오늘날은 십자가가 원래의 의미를 많이 잃어버리고 퇴색되었습니다. 십자가가 값비싼 액세서리와 화려한 장식품으로 만들어져 세련된 모습으로 우리에게 다가오기 때문입니다. 그러나 우리가 알아야 할 것은 십자가가 세상에 처음 소개되었을 때는, 가장 끔찍한 사형 틀이었다는 사실입니다.

그렇다면 그 끔찍하고 잔인한 사형 틀인 십자가가 도대체 무엇이기에 상처입고 고통받은 사람들의 마음을 그렇게 어루만져 주는 것일까요? 여기에 대한 대답은 대단히 중요하다고 생각합니다.

왜냐하면 오늘도 수많은 사람이 9·11 테러와 비교될 수 있는 끔찍한 마음의 상처와 고통을 안고 살아가기 때문입니다.

9·11 테러로 뉴욕의 세계무역센터가 무너진 자리를 사람들은 '그라운드 제로'라고 부릅니다. 이것은 특정 지역에 폭탄이 떨어져 아무 것도 남지 않게 된 참혹한 상태를 이해하기 쉽게 표현한 말입니다.

그런데 세계무역센터가 무너진 그 자리뿐 아니라 우리가 살아가는 이 삶의 자리가 수많은 사람에게는 바로 '그라운드 제로'의 자리라는 사실을 아십니까?

오늘날은 한마디로 상실의 시대입니다. 비록 사람들 머리 위로 물리적인 폭탄이 직접 떨어지지는 않지만, 수많은 사람이 각자의 삶에서 '그라운드 제로'와 같은 허무함을 경험합니다. 우리가 소중히 여기는 것들이 수없이 무너져 내리고 있기 때문입니다.

한 남자와 여자의 사랑으로 이뤄진 가정이라는 소중한 삶의 울타리가 산산이 무너져 내리고, 높은 이혼율과 그로 인한 청소년의 방황이 아이들의 삶을 무너지게 합니다.

거듭되는 경제 위기로 안정된 삶을 누리던 중산층이 무너지고, 청년 실업으로 젊은이의 가슴이 무너져 내립니다. 끊이지 않는 사회 불안과 전쟁의 소문은 수많은 사람의 안식과 평안을 빼앗고 있습니다. 두려움과 신경 쇠약으로 정신이 무너진 사람들이 밤마다 수면제를 복용하지 않으면 잠을 이루지 못하며 우울증과 자살의 유혹에 끊임없이 시달리고 있습니다.

그렇게 우리의 삶도 '그라운드 제로'를 경험합니다. 겉으로는 평온해 보이지만 사정을 알고 보면 수많은 사람의 삶이 한없이 무너져 내리고 있습니다. 이러한 때 우리는 십자가로 돌아가야 합니다. 왜냐하면 모든 것이 무너진 그 순간에도 십자가는 소망을 줄 수 있기 때문입니다.

마치 9·11 테러 때 무너진 세계무역센터의 잔해에서 발견된 십자가 조각이 수많은 사람을 치유하고 그들에게 새 삶의 희망을 주었듯이, 산산조각난 삶의 현장에서 예수 그리스도의 십자가를 다시 발견할 수 있다면 우리의 삶에는 새로운 소망이 싹틀 것입니다.

저는 어느 날, 개인적으로 주님의 십자가를 묵상하다가 성경에 나오는 십자가를 다양한 각도에서 보게 되었습니다. 똑같은 십자가이지만 보는 관점에 따라서 십자가가 더 풍성하고 깊이 있게 이해될 수 있음을 알았습니다. 제게는 대단히 중요한 깨달음이었습니다. 이 깨달음을 함께 나누기 원합니다.

이것은 십자가의 의미를 더 명확하고 풍성하게 이해하는 데 도움을 줄 것입니다. 이를 위해 십자가에 대하여 일곱 가지 다양한 관점을 제시합니다.

첫 번째는 '밑에서 본 십자가'입니다. 예수님이 십자가에 매달리실 때, 이 십자가를 지켜보며 비웃던 사람들의 관점에서 본 십자가입니다.

지금도 십자가를 무시하며 비웃는 세상 사람들의 관점이기도 합니다. 이들의 관점에서 보는 십자가는 '어리석음' 입니다.

두 번째는 '위에서 본 십자가' 입니다. 이것은 하나님의 관점에서 바라보는 십자가입니다. 하나님이 왜 이토록 잔인한 십자가를 허락하셨는지, 그 이유를 살펴보고자 합니다. 이를 통해 하나님의 공의를 깨닫게 될 것입니다.

세 번째는 '매달려서 본 십자가' 입니다. 십자가에 매달리신 예수 그리스도의 관점에서 십자가를 살펴보는 것입니다. 십자가를 통해 드러난 하나님의 사랑이 얼마나 크고 놀라운지 깨닫게 될 것입니다.

네 번째는 '옆에서 본 십자가' 입니다. 예수님의 옆에 매달려 있다가 회개하고 구원받은 강도의 입장에서 본 십자가입니다. 예수 그리스도의 십자가가 소망 없는 죄인들에게 얼마나 큰 은혜의 선물이 되는지를 깨닫게 될 것입니다.

다섯 번째는 '내 속에서 본 십자가' 입니다. 예수 그리스도의 십자가가 어떻게 자기 부인의 삶으로 인도하는지 말해 줍니다. 예수 그리스도의 십자가가 2,000년 전의 사건으로 끝난 것이 아니라 현재 나의 삶 속에서 진행형으로 계속되고 있음을 알게 됩니다.

여섯 번째는 '지고 가면서 본 십자가' 입니다. 십자가를 감상하는 자리에서 주님의 십자가를 지고 가는 섬김과 희생의 자리로 나아가야 함을 깨달을 것입니다.

마지막 일곱 번째는 '세상 속의 십자가' 입니다. 십자가가 교회 안에만 머물러서는 안 되고 세상 속에서 증거되어야 함을 확신하게 됩니다.

이 글을 통해 지금까지 추상적으로 알고 있던 십자가의 의미가 분명하고 깊이 있게 이해되기를 진심으로 바랍니다. 주님의 십자가가 단순한 기독교 교리가 아니라 각자의 삶에서 살아 역사하는 능력 있는 십자가로 경험되기를 소망합니다.

이 글을 쓰는 과정에서 기독교 작가 책의 도움을 많이 받았습니다. 가장 먼저 이런 십자가 이해에 대한 영감을 주신 하나님께 감사드립니다. 그리고 현대의 고전이라고 할 수 있는 『그리스도의 십자가』를 저술하여 십자가의 영적 의미를 풍성하게 정리한 존 스토트 목사님에게 감사드립니다.

그 외에도 50년의 목회 사역 내내 예수 그리스도의 십자가를 열심히 증거한 마틴 로이드 존스 목사님과 어려운 신학적 내용을 탁월하게 설명하는 은사가 있는 R. C. 스프룰 교수님에게도 감사드립니다.

또한 십자가에 관한 주제에 풍부한 영감을 더해 주는 존 파이퍼 목사님과 존 맥아더 목사님, 무엇보다 마르틴 루터의 십자가 신학과 그것을 알기 쉽게 소개해 준 알리스터 맥그래스 교수님에게도 감사드립니다.
　이 분들 외에도 제가 이 책에서 인용한 모든 작가에게 진심으로 감사의 마음을 전합니다.

　또한 바쁘신 가운데도 친히 이 책의 추천의 글을 써주신 대학연합교회의 김형민 목사님, 『십자가의 완전한 복음』의 저자 김용의 선교사님, 총신대학교 류응렬 교수님께도 감사의 마음을 전합니다.
　표지를 아름답게 디자인해 주신 안흥섭님께도 진심으로 감사드립니다. 그리고 이 귀한 십자가의 진리를 한국교회에 소개할 수 있도록 기꺼이 책을 출판해 주신 생명의말씀사에 심심한 감사의 마음을 전합니다. 바라기는 이 책을 통해 십자가의 풍성한 의미를 깨닫는 사람들이 더욱 많아지기를 소망합니다.
　모든 영광을 하나님께 돌립니다.

라원기

1 밑에서 본 십자가

기독교 신앙은 무신론이 모든 것이 끝났다고 가정하는 곳,
예수 그리스도의 죽음에서부터 시작한다.

_ 알리스터 맥그래스 Alister McGrath

다시 보는 십자가

십자가는 하나님의 역발상

당시 사람들의 눈에 비친 십자가

현대인의 눈에 비친 십자가

하나님의 지혜를 선택하라

1
+

밑에서 본 **십자가**
_ 세상의 미련한 것

"백성은 서서 구경하는데 관리들은 비웃어 이르되 저가 남을 구원하였으니 만일 하나님이 택하신 자 그리스도이면 자신도 구원할지어다 하고 군인들도 희롱하면서 나아와 신 포도주를 주며 이르되 네가 만일 유대인의 왕이면 네가 너를 구원하라 하더라."
_ 누가복음 23:35-37

'밑에서 본 십자가', 이 십자가는 군중의 입장에서 본 십자가입니다. 당시 예수 그리스도가 십자가에 못 박히는 모습을 지켜본 대부분의 사람들은 예수 그리스도를 조롱했습니다. 그들은 십자가에 못 박히는 예수를 보면서 이제 모든 것이 끝났다고 생각했습니다. 더 이상 그에게 기대할 것이 없다고 생각하고, 그에게 일말의 희망을 걸었던 사람들조차 그에 대한 배신감으로 십자가에 못 박힌 예수를 비웃고 조롱했습니다. 이 같은 사람들의 입장은 오늘날도 동일합니다. 십자가의 비밀을 모르는 사람에게 예수님의 십자가는 참으로 우스꽝스럽고 어리석은 것일 뿐입니다.

1. 십자가는 하나님의 역발상

사람들이 왜 십자가를 잘 이해하지 못하고 부정적으로 생각할까요? 십자가가 인간의 이해와 상식을 초월하기 때문입니다. 십자가는 한마디로 '하나님의 역발상'이라고 말할 수 있습니다. 십자가는 이 세상 그 누구도 생각지 못했던 기막힌 구원의 방법이었습니다. 그 누가 사형 틀로 인류를 구원한다는 생각을 하겠습니까? 심지어 사탄, 마귀도 미처 생각지 못한 것입니다. 그래서 십자가는 역발상적이고, 그로 인해 십자가를 제대로 이해하는 사람이 많지 않은 것입니다.

그러므로 십자가의 의미를 제대로 이해했는지의 여부는 진정한 기독교인인가 아닌가를 구분하는 기준이 될 수 있습니다. 알리스터 맥그래스는 "기독교적인 것과 그렇지 않은 것 사이를 가늠하는 기준은 예수 그리스도의 십자가이다."[1]라고 했습니다.

맞는 말입니다. 이단이나 불신자, 거듭나지 못한 이름뿐인 신자의 공통점은 예수님의 십자가 사건을 우리의 구원을 위해 하나님이 계획하신 사건으로 제대로 이해하지 못한다는 것입니다.

언젠가 몰몬교 선교사와 이야기를 나눈 적이 있습니다. 그는 우리가 믿는 성경을 믿을 뿐만 아니라 하나님도 믿고 예수님도 믿는다고 했습니다. 그러나 예수님의 십자가 이야기를 했을 때 그의 반응은 일반 기독교인의 반응과는 완전히 달랐습니다. 그는 이렇게 말했습니다. "사

---

1) 알리스터 맥그래스, 『십자가로 돌아가라』(생명의말씀사, 2007), p. 22.

랑하는 사람이 엽총에 맞아 죽거나 목매달아 죽었다면 그 엽총이나 밧줄을 방에 걸어 놓고 계속 보겠는가? 그런데 왜 기독교인들은 예수님이 죽은 십자가를 늘 바라보고 묵상하는가?"

그의 질문에 이렇게 답해 주었습니다. "먼저 알아야 할 것은 기독교인이 십자가를 방에 걸어 놓더라도 그것을 우상시하는 것은 아니다. 그 십자가를 통해 예수님의 죽음을 기억하는 것이다. 그리고 십자가가 죽음의 상징이지만 우리가 그것을 계속 바라보는 이유가 있다. 첫째로, 예수께서 십자가를 통해 나를 구원하셨기 때문이다. 십자가에는 하나님의 사랑이 나타나 있어서 우리는 십자가를 바라본다. 둘째로, 십자가는 죽음으로 끝나지 않기 때문이다. 하나님이 십자가에서 죽으신 예수 그리스도를 사흘 만에 부활시키셨다. 그러므로 십자가는 죽음의 상징이 아니라 승리의 상징이다."

그렇게 답해 준 뒤에 성경을 찾아 바울이 쓴 고린도전서의 내용을 읽어 주었습니다. "내가 너희 중에서 예수 그리스도와 그가 십자가에 못 박히신 것 외에는 아무 것도 알지 아니하기로 작정하였음이라" 고린도전서 2:2. 그러면서 바울도 평생 예수 그리스도와 그의 십자가 외에는 아무 것도 알지 아니하기로 작정했는데, 당신은 왜 십자가를 부인하는가 하고 물었습니다. 그는 당황해 하며 "성경에 이런 말씀도 있었는가?" 하며 고개를 갸웃거렸습니다.

그렇습니다! 십자가는 그 뒤에 부활 사건이 있기에 결코 허무하지 않습니다. 십자가 뒤에 부활 사건이 없다면, 예수 그리스도의 십자가는 그 몰몬교 선교사의 이야기처럼 허무하고 끔찍할 것입니다. 마이클 그린은 "부활 없는 십자가는 비참하기만 하다. 그저 위대한 한 인간의 슬픈 종말일 뿐이다."[2]라고 했습니다.

예수 그리스도의 부활이 있기에 그의 십자가의 죽음이 결코 허무한 것으로 끝나지 않습니다. 김세윤 교수는 이 사실을 이렇게 설명합니다. "하나님이 예수님을 부활시켰다는 것은 예수님이 옳았다고 하나님이 인정했다는 말입니다. 예수님의 가르침이 옳았다는 것입니다. 하나님의 아들이라는 주장이나 구원자라는 주장이 옳았다는 것을 제자들이 알게 되었습니다."[3]

바로 그런 이유로 제자들은 예수 그리스도의 십자가 사건을 조금도 부끄러워하지 않고 당당하게 선포했던 것입니다. 예수님이 부활하심으로 하나님의 진정한 아들로 인정되었다면, 예수님의 십자가 죽음은 하나님의 저주가 아니라 우리를 위해 대신 죽으신 죽음이었다는 사실을 깨달은 것입니다. 예수님의 제자들은 예수님의 부활 사건을 통해 자신의 목숨을 '대속물'로 주겠다고 하신 말씀마가복음 10:45이 바로 십자가를 의미하신 것임을 확신하게 되었습니다.

당시 로마에서는 일 년에 약 3만 명 정도가 십자가에 달려 죽었다고 합니다. 그들 대부분이 정치범이거나 흉악범이었습니다.[4] 그러므로 예수 그리스도께서 십자가에서 죽은 뒤에 부활하지 않으셨다면, 예수님은 운이 나빠 십자가에 달려 죽어간 정치범 중의 한 명으로 취급되었을

---

2) 마이클 그린, 『텅빈 십자가』 (서로사랑, 2007), p. 64.
3) 김세윤, 『구원이란 무엇인가?』 (참말, 1993), p. 42.
4) 어윈 루처, 『십자가를 바라보다』 (디모데, 2007), p. 28.

것입니다. 그러나 예수님의 부활이 있었기에 예수 그리스도의 십자가 사건은 전적으로 다른 의미로 해석될 수 있는 것입니다.

그러므로 예수님의 부활 사건을 모르는 사람은 예수 그리스도의 십자가 사건이 도무지 이해되지 않습니다. 세상 사람들이 기독교의 십자가를 조롱하고 우습게 여기는 이유도 십자가 뒤에 있는 부활 사건을 모르기 때문입니다. 그러나 예수 그리스도께서 십자가에서 죽으시고 사흘 만에 부활하셨다는 사실을 알게 되면, 절대로 십자가를 어리석고 헛된 것이라고 조롱할 수 없습니다.

우리가 알다시피 예수님이 십자가에 못 박히시던 날인 '성聖금요일'을 영어로 'Good Friday'라고 합니다. 그런데 어떻게 이 날이 'Good Friday', 좋은 금요일이 될 수 있습니까? 이 날은 예수 그리스도가 십자가에 달려 가장 비참한 모습으로 죽은 날인데 어떻게 이 날에 'Good'이라는 말을 붙일 수 있습니까?

그것은 바로 하나님이 그날 십자가 사건을 통해 인류를 구원하셨기 때문입니다. 그리고 예수께서 비록 그날 십자가에서 죽으셨지만 사흘 후 부활하셨기 때문입니다.

이 사실을 아는 사람들은 '성聖금요일'이 'Good Friday'로 불려지는 것이 당연하다고 생각합니다. 그러나 세상 사람들은 그날이 좋은 이유를 이해하지 못하므로 고개를 갸우뚱거립니다. 그들은 십자가 속에 숨겨진 하나님의 지혜를 모르기 때문입니다.

C. S. 루이스가 쓴 『나니아 연대기』는 아이들이 기독교 복음을 쉽게 이해할 수 있도록 쓴 책입니다.

네 명의 아이들이 옷장 속에 들어갔다가 우연히 환상의 나라인 '나니아 왕국'으로 들어갑니다. 그곳은 나쁜 마녀가 마법을 걸어 언제나 차가운 겨울만 계속되는 나라입니다. 그 나라에는 언젠가 아슬란이라는 사자가 그 나라를 구하기 위해 돌아올 것이라는 예언이 있었습니다. 그런데 정말 그 말대로 아슬란이 나타납니다. 여기서 아슬란은 예수님을 상징합니다. 그런데 네 아이 중 에드먼드가 아슬란을 배반하는 바람에 마녀에게 죽임을 당할 위기에 처하게 됩니다.

나니아 나라에는 심오한 마법이 있었는데 그것은, 누군가를 배신하는 자는 나쁜 마녀에게 법적으로 매이게 되어 마녀가 그를 죽일 권리를 갖게 된다는 것이었습니다.

그로 인해 배신자인 에드먼드가 죽임을 당하게 되었고, 아슬란은 그를 위해 자신이 대신 희생하겠다고 합니다. 그 결과 능력이 많은 아슬란은 아무런 힘도 쓰지 못하고 온갖 모멸과 멸시를 당하면서 마녀와 마녀의 부하들에게 처참하게 죽임을 당합니다.

그런데 그 후에 놀라운 일이 일어납니다. 마녀가 떠난 후 아이들이 아슬란이 죽임을 당해 눕혀져 있었던 돌 탁자에 가보니, 돌 탁자는 깨어져 있고 아슬란은 사라지고 없었습니다. 아이들이 놀라서 당황하고 있는데 아슬란의 목소리가 들려옵니다. 아이들이 놀라서 돌아보니 아슬란이 더 늠름한 모습으로 살아난 것입니다. 기뻐하며 어떻게 된 일이냐고 묻는 아이들에게 아슬란은 이렇게 대답합니다.

"마녀는 비록 '심오한 마법' Deep Magic 은 알고 있었지만 '더욱 심오한 마법' Deeper Magic이 있다는 사실은 모르고 있었단다. 마녀는 나니아가 처음 세워질 때 있었던 마법은 알았지만 나니아의 시간이 시작되기 전부터 존재했던 또 다른 마법에 관해서는 몰랐던 거야. 단 한 번도 죄를 짓지 않은 누군가가 배신자를 위해 자원해서 죽임을 당하면, 돌 탁자가 깨어지고 그는 죽음에서 생명으로 다시 돌아오게 된다는 것이지."[5]

참으로 놀라운 이야기 아닙니까? 아슬란이 다시 살아난 것은 예수님의 부활을 상징합니다. 사탄은 인간이 죄를 지으면 죄의 포로가 된다는 사실은 알았지만, 죄가 전혀 없는 하나님의 아들이 인간을 대신하여 죽으면 부활하여 살아나게 된다는 사실은 알지 못했습니다. 사탄은 하나님이 만들어 놓으신 '깊은 영적 비밀'은 알고 있었지만, '그보다 더 깊은 영적 비밀'인 부활에 대해서는 알지 못했던 것입니다. 즉 하나님이 십자가를 통해 사탄의 머리를 박살내신다는 사실을 말입니다. 이같이 십자가는 인간과 사탄의 지혜를 뛰어넘는 하나님의 지혜입니다.

2. 당시 사람들의 눈에 비친 십자가

오늘날, 현대인에게 예수 그리스도의 십자가를 믿으라고 하면 고개를 흔들며 귀를 기울이지 않습니다. 그들에게는 기독교의 십자가가 어리석

---

5) C. S. Lewis, *The Chronicles of Narnia* (HarperCollins Publishers, 1982), p. 185.

게 보이기 때문입니다. 그러나 오늘날보다 복음이 전해졌던 그 당시 사람들이 십자가를 받아들이기가 훨씬 더 어려웠다는 사실을 아십니까?

우리는 성경을 너무 쉽게 읽는 경향이 있습니다. 제자들이 예수 그리스도의 십자가를 증거할 때, 그 메시지가 어떠한 느낌을 주었을지 깊이 생각하지 않습니다. 우리가 알아야 할 사실은 십자가에 매달려 비참하게 죽어간 한 사람이 인류를 구원하는 메시아가 되고 유대인의 왕뿐 아니라 세계의 왕이 된다는 복음 메시지는, 유대인뿐 아니라 헬라인이나 로마인도 받아들이기 매우 힘든 메시지였다는 사실입니다. 바울은 이렇게 말합니다.

> "십자가의 도가 멸망하는 자들에게는 미련한 것이요 구원을 받는 우리에게는 하나님의 능력이라" 고린도전서 1:18.
>
> "유대인은 표적을 구하고 헬라인은 지혜를 찾으나 우리는 십자가에 못 박힌 그리스도를 전하니 유대인에게는 거리끼는 것이요 이방인에게는 미련한 것이로되" 고린도전서 1:22-23.

'미련한 것'이라는 말은 헬라어로 '모리아'인데, 여기서 유래된 단어가 영어의 'moron', 우둔한 사람입니다.[6] 십자가의 메시지가 당시의 이방인에게는 지능이 떨어지는 '지적장애인'이 말하는 것 같았다는 것입니다.

---

6) 존 맥아더, 『값비싼 기독교』 (부흥과개혁사, 2009), p. 45.

그 시대 사람들이 십자가에 달린 예수를 구세주로 믿는 초기 기독교인을 얼마나 우습게 여기고 조롱했는지를 보여주는 한 증거가 있습니다. 로마의 팔라틴 언덕에 2세기 것으로 보이는 어떤 집의 벽에, 당나귀 머리를 가진 사람이 십자가에 달린 모습으로 새겨져 있는 것이 발견되었습니다. 그 낙서에는 왼쪽에 한 사람이 경배의 표시로 한쪽 손을 들고 서 있고 "알렉사메노스는 그의 신을 섬긴다."[7]라고 쓰여 있었습니다. 1세기나 2세기의 사람들이 십자가에 죽은 예수 그리스도를 믿고 경배하는 초대교회 성도들을 얼마나 웃음거리로 생각했는지를 보여 주는 그림입니다.

레이먼드 브라운은 십자가에 대한 당시 사람들의 느낌을 이렇게 표현합니다. "유대인은 십자가에 달린 사람이 왕이 된다는 사실을 도저히 믿을 수 없었고……헬라인은 하나님이라면 도저히 죽을 수 없다고 했으며……로마인은 그 개념 자체를 부정했다. 하나님-왕이 십자가에 못 박혔다고? 심지어 일개 로마 시민이라도 법적으로 십자가에 처형될 수 없었다."[8]

이것을 좀더 구체적으로 살펴보겠습니다. 당시 유대인의 입장에서 보면 십자가에 달리신 메시아 개념은 모순이었습니다. 칼슨은 이렇게 말합니다. 유대인에게 십자가에 달리신 메시아란 "꽁꽁 언 수증기, 증오에 찬 사랑, 위로 향하는 하강, 경건한 강간범 등과 같이 용어상 모순처

---

7) 존 스토트, 『그리스도의 십자가』 (IVP, 1988), p. 30.
8) Raymond Brown, *The saving message of the cross*, in Porter(ed), The Cross and the Crown, p. 120.

럼 들렸음에 틀림없다. 차이가 있다면 훨씬 더 충격적이라는 점뿐이다."[9]

유대인들은 십자가에 달려 죽은 예수는 메시아가 결코 될 수 없다고 생각했습니다. 십자가에 달려 죽은 사람은 실패한 사람이므로 그들이 생각하던 메시아관과 모순되기 때문입니다. 더구나 메시아라면 하나님이 보내신 사람인데 그같이 거룩한 사람이 십자가에 달려 죽는다는 것은 상상할 수 없는 일이었습니다. 이는 "나무에 달린 자는 하나님께 저주를 받았음이니라"는 신명기 21:23 말씀 때문이었습니다.

원래 이 말은 이미 처형된 시체를 나무에 전시해 놓는 것을 의미하지만 그런 생각은 십자가에 처형되어 죽은 사람에게도 쉽게 적용될 수 있었습니다. 그들은 그토록 분명하게 하나님께 저주받은 사람이 인류를 구원하는 메시아가 된다고 생각할 수는 없었습니다.[10] 그들에게는 십자가에 매달린 사람을 신으로 섬기고 예배하라는 요구 자체가 엄청난 모독이었을 것입니다. 저주를 받아 땅에 발을 대고 죽을 자격도 없는 사람인데 어떻게 자신을 구원할 메시아로 받아들이겠습니까?

로마인의 입장에서 '십자가에 달린 메시아' 개념은 완전 난센스였습니다. 비록 로마인들이 십자가형을 고안하지는 않았지만, 페르시아인이 만든 십자가형을 반역자를 처형하는 사형 틀로 적극 활용했습니다. 인간이 생각해 낼 수 있는 가장 잔인한 사형 틀인 십자가는 사람들에게 경악심을 불러 일으켜 상당한 범죄 억제 효과를 가져올 수 있었습니다.

---

9) D. A. Carson, *The Cross and the Christian Ministry: An Exposition of Passage from 1 Corinthians* (IVP, 1993), pp. 21-22.
10) 데렉 티드볼, 『십자가』 (IVP, 2003), pp. 288-289.

그러나 그 십자가는 너무나 잔인하고 고통스러워 로마 시민에게 사용되는 경우는 극히 드물었습니다.

당시 기록에 의하면, 키케로는 십자가에 관하여 이렇게 언급하였습니다. "'십자가'라는 단어 자체를 로마 시민의 몸에서뿐 아니라 그들의 생각과 눈과 귀에서 멀리 떨어뜨려 놓아야 한다. 왜냐하면 이 일의 실제적인 발생 혹은 그것을 견디는 것뿐만 아니라, 그것을 당할 수 있다는 사실, 그 예상, 아니 그것을 단순히 상상하는 것까지도 로마 시민과 자유인에게는 어울리지 않는 일이기 때문이다."[11]

이것을 보면 그 당시 로마 사람에게는, 십자가형을 당하는 것은 말할 것도 없거니와 십자가를 생각하는 것조차 역겨운 일이었음을 알 수 있습니다.[12] 그렇게 볼 때, 십자가에서 죽은 사람은 로마인에게는 절대적으로 경멸할 사람이며, 인간쓰레기요, 가장 낮고 천한 사람에 해당되는 존재였습니다.

그래서 로마인의 입장에서는 비참한 노예처럼 십자가에서 죽으신 분이 "지금은 구세주일 뿐 아니라 전 우주의 주님으로 높임을 받으셨다."고 주장하는 것 자체가 "명백한 난센스"[13]였던 것입니다.

그렇다면 당시의 헬라인에게는 십자가가 어떻게 느껴졌을까요? 그들에게 십자가는 부조리한 것이었습니다. 헬라인은 이성적, 철학적 지

---

11) Against Verres Cicero, *In Defense of Rabirius*, tr. H. G. Hodge, *The Speeches of Cicero* (Heinemann, 1927), pp. 452-491.
12) 존 맥아더, 『값비싼 기독교』(부흥과개혁사, 2009), p. 47-48.
13) 데렉 티드볼, 『십자가』(IVP, 2003), p. 290.

혜를 추구하였습니다. 바울이 "유대인은 표적을 구하고 헬라인은 지혜를 찾으나" 고린도전서 1:22라고 한 것도 그런 이유에서였습니다. 헬라인은 심오한 지식과 높고 고상한 지혜를 찾았습니다. 그러한 헬라인에게 신이 십자가 처형과 같은 야만적인 방식으로 세상을 구원하고자 한다는 개념은 이해가 되지 않았습니다.

제자들은 예수님의 십자가 속에 하나님의 지혜가 감추어져 있다고 했습니다. 그러나 헬라인의 입장에서는 "처형당한 인간의 난도질당한 몸"[14]에 지혜가 있다는 말과 같아서, 이는 고상한 지혜를 추구하는 헬라인은 도저히 받아들일 수 없는 역겨운 개념이었을 것입니다. 이에 대하여 브루스는 이렇게 말합니다. "십자가 처형의 치욕뿐 아니라, 자신을 그처럼 소름끼치는 죽음에서 구해 낼 만큼 충분한 지혜를 갖지 못한 사람을 어떻게 주님이자 해방자로 받아들일 수 있으며, 지혜의 해설자로 의지할 수 있단 말인가?"[15] 이것이 그들의 입장이었습니다.

'십자가에 달린 메시아' 개념은 유대인에게나 로마인 그리고 헬라인 모두에게 거부감을 주는 혐오스러운 생각이었습니다. 그러므로 당시의 사람들에게는 그리스도의 십자가가 받아들이기 힘든 개념이었을 것입니다.

오늘날 복음을 이해시키는 데는 걸림돌이 많다고 생각하기 쉽지만, 초기 그리스도인들은 그 이상으로 엄청난 장애물에 직면했다는 사실을

---

14) 마이클 그린, 『텅빈 십자가』 (서로사랑, 2007), p. 41.
15) F. F. Bruce, *1 and 2 Corinthians*, NCB (1971: Marshall, Morgan and Scott, 1980), p. 35.

반드시 기억해야 합니다. 그들의 주장이 비상식적이고 수치스럽고 상스럽고 불경하고 믿을 수 없는 것으로 생각되었기 때문입니다.[16]

3. 현대인의 눈에 비친 십자가

그렇다면 현대인에게 예수 그리스도의 십자가는 어떻게 비춰질까요? 십자가가 어리석게 보이는 것은 그 때 당시나 지금이나 마찬가지입니다. 존 맥아더는 이렇게 말합니다. "그리스도인은 십자가 위의 그리스도라는, 홍보하기에는 별로 매력 없는 상품을 떠맡은 듯하다. 십자가는 감성에 불쾌감을 주고, 점잖은 사람들의 세련된 감정에 충격을 주는 약하고 수치스런 이미지다. 로마 병사들이 십자가 위에서 우주의 하나님을 범죄자처럼 처형했다는 주장도 우리의 합리적인 정신을 공격한다."[17] 결국 예수님 당시 사람이나, 현대인이나 예수님의 십자가가 불합리하고 우스꽝스럽게 보이는 것은 마찬가지입니다.

신은 죽었다고 외친 독일의 무신론 철학자 니체가 십자가를 싫어했던 이유는 십자가의 연약함 때문이었습니다. 그는 다윈식의 적자생존의 삶의 방식을 동경했기에 연약함과 나약함의 상징인 십자가를 받아들일 수 없었습니다. 그는 십자가에 매달린 신이라는 개념 자체가 너

---

16) 존 맥아더, 『값비싼 기독교』 (부흥과개혁사, 2009), p. 50.
17) Ibid., p. 63.

무나 불합리하다고 생각했으며, 그래서 인간이 스스로 운명을 개척하는 '초인' 사상을 그의 철학의 중요한 테마로 잡았습니다. 그런 그에게 십자가를 통한 구원의 개념은 어리석고 말이 안 되는 것이었습니다.

오늘날은 강한 것을 숭상하는 시대입니다. 좋은 것, 아름다운 것만을 찾는 시대입니다. 고난과 고통을 회피하고 쾌락만을 추구하는 시대입니다. 그러므로 이 시대의 사람들에게 십자가는 철저히 어리석고 보잘 것없어 보일 것입니다. 연약함과 초라함의 상징이요, 고통스러움과 끔찍함의 상징인 십자가는 오늘날의 현대인에게도 매력 있는 주제가 될 수 없습니다. 그러므로 예수님 시대와 마찬가지로 오늘날에도 십자가는 거부의 대상이 될 수밖에 없습니다.

옥스퍼드 대학의 철학자 A. J. 에어는 기독교의 교리를 멸시하면서, "기독교는 '지성적으로 멸시할 만하고 도덕적으로 분개할 만하다.' 고 했습니다."[18] 이것은 그의 주장만이 아니며 오늘날 지성을 가진 현대인의 입장을 대변하는 것이라고 볼 수 있습니다. "십자가는 현대인의 지적 욕구를 충족시키지도 못하고, 현대인의 정치적 욕구를 충족시키지도 못하며, 현대인의 상식에서도 벗어나고 현대인의 개인 욕망에서도 벗어납니다."[19]

고린도전서 1:23에 "우리는 십자가에 못 박힌 그리스도를 전하니 유대인에게는 거리끼는 것이요 이방인에게는 미련한 것이로되"라는 말

---

18) 김명혁, 『십자가와 나』 (성광문화사, 2002), p. 20.
19) Ibid.

씀이 있습니다. 이 말씀에 나오는 '거리끼는 것' 이라는 말이 원어로는 '스칸달론' 입니다. 여기에서 스캔들scandal 이라는 말이 나왔습니다. 흔히 '스캔들을 일으켰다.' 고 할 때 쓰는 말입니다. 이 스캔들이라는 말은 '걸려 넘어지게 하는 것' 이라는 의미입니다.

우리는 가끔씩 신문지상에서 사회적으로나 정치적으로 잘 나가던 사람들이 스캔들에 걸려 넘어지는 것을 볼 수 있습니다. 그래서 원어적으로 '스캔들' 의 의미를 가진 이 '거리끼는 것' 의 표현을 영어성경에서는 'stumbling block' 장애물이라고 표현합니다. 발에 걸려 넘어지게 하는 장애물과 같다는 뜻입니다. 바울은 예수님의 십자가가 당시 사람들에게는 장애물이요 스캔들과 같은 것이었다고 표현합니다. 이와 같은 표현은 다른 곳에도 나옵니다.

"형제들아 내가 지금까지 할례를 전한다면 어찌하여 지금까지 박해를 받으리요 그리하였으면 십자가의 걸림돌이 제거되었으리니" 갈라디아서 5:11.

바울은 여기서 십자가가 걸림돌이라고 표현합니다. 이 말도 원어로는 '스칸달론' 이고 영어로는 역시 'stumbling block' 장애물입니다. 율법주의에 매여 율법을 지킴으로 구원받고자 하는 사람에게 예수 그리스도의 십자가를 믿어야만 구원받는다는 바울의 주장은 기독교 신앙을 받아들이기 힘들게 만드는 장애물이었을 것입니다.

이것은 지금도 마찬가지입니다. 오늘날 사람들에게 기독교를 전할 때, 십자가와 부활만 빼면 기독교를 전파하기가 훨씬 쉬워질 것입니다.

이웃에게 사랑을 베풀라는 가르침이나, 정직하고 착하게 살라는 내용이 전부라면 사람들은 기독교를 받아들이는 데 별로 거부감을 가지지 않을 것입니다. 그러나 기독교 복음의 핵심은 그것이 아닙니다. 기독교 복음의 핵심은 '십자가에 못 박힌 그리스도'를 믿으라는 것입니다. 그렇지만 이 사실을 인정하고 받아들이는 것은 쉬운 일이 아닙니다. 2,000년 전에 십자가에서 초라하게 죽은 그 나사렛 예수를 '나를 위해 죽으신 하나님'으로 믿고 받아들이는 것은 결코 쉬운 일이 아닙니다.

그래서 사람들은 기독교 신앙을 받아들이기 힘들어 합니다. 사무엘 채드윅은 이렇게 말합니다. "믿는 자들에게 십자가는 복음이 되었지만 예수 그리스도가 전파되는 곳마다 십자가는 어려움과 거치는 것이 되었습니다. 유대인에게는 거리끼는 것이요 이방인에게는 미련한 것이었으므로 십자가라는 단어는 지금도 어리석음과 거치는 돌이 되고 있습니다."[20]

성경은 예수님 자신을 '걸림돌과 거치는 바위'로 표현합니다. 로마서 9:33은 이렇게 말합니다.

> "기록된 바 보라 내가 걸림돌과 거치는 바위를 시온에 두노니 그를 믿는 자는 부끄러움을 당하지 아니하리라 함과 같으니라" 로마서 9:33.

여기서 '걸림돌'이라는 말이 영어로 'stumbling stone'입니다. 바울

---

20) 사무엘 채드윅, 『십자가의 능력』 (바울, 2006), p. 43.

이 고린도전서 1:23에서 십자가에 대하여 사용했던 'stumbling block' 장애물과 유사한 말입니다. 예수님은 대부분의 사람에게 걸림돌이요, 부딪히게 만드는 바위입니다. 이 예수님을 선뜻 받아들이기가 쉽지 않습니다. 거부감이 생깁니다. 부담감이 생깁니다.

그러나 이 예수 그리스도의 십자가를 하나님의 지혜로 받아들이는 사람에게는 예수 그리스도가 더 이상 '거치적거리는 바위'가 아니라 '구원의 반석' 시편 95:1이 되십니다. 결국 예수 그리스도와 그분의 십자가는 사람들에게 '신앙의 걸림돌'이 되든지 '믿음의 반석'이 되든지 둘 중 하나입니다.

4. 하나님의 지혜를 선택하라

지금까지 이야기한 여러 가지 이유로 인해 초대교회 당시 유대인이나 헬라인 혹은 로마인뿐 아니라 현대인에게도 십자가는 불합리하고 믿기 어려운 것이 되었습니다. 십자가는 당시 사람들에게도 걸려 넘어지게 하는 스캔들이었고 지금도 마찬가지입니다. 사람들이 이 모든 것을 인간의 지혜로 보기 때문입니다. 인간의 지혜로 보면 십자가는 한없이 어리석은 것일 수밖에 없습니다.

그러나 인간의 지혜는 한계가 있다는 사실을 겸손히 인정해야 합니다. 사람들은 인간의 지혜를 총동원하여 좀더 나은 세상을 만들어 보려고 노력하였습니다. 그리하여 과학이나 의학 부분이 크게 진보했습니다. 그러나 안타깝지만 거기까지가 인간 지혜의 한계입니다. 인간의 지혜는 물질문명의 발달에는 어느 정도 공헌했지만 인간의 정신적, 윤리적, 영적 영역에서는 오히려 더 많은 퇴보를 가져왔습니다.

인간의 자만으로 인해 이 시대는 그 어느 때보다도 두려움과 불안과 걱정에 시달리고 있습니다. 날마다 들려오는 전쟁과 난리 소문, 인간의 짧은 지혜로 인해 발생한 환경 문제와 그로 인해 야기된 온갖 질병의 소식이 신문지상을 가득 메우고 있습니다.

인간은 그 탁월한 지혜에도 불구하고 왜 이 세상을 좀더 근본적으로 좋은 세상으로 만들지 못할까요? 왜냐하면 인간의 지혜로는 죄 문제를 해결할 능력이 없기 때문입니다.

인류 중에 그 어떤 철학자나 지성인, 사회학자나 인류학자, 심리학자나 정치가도 죄의 문제에 대해 근본적인 해결책을 제시한 사람은 없었습니다. 그로 인해 인류는 과거 어느 때보다 영적으로 더 나쁜 상태이며, 높은 자살율과 핵전쟁의 위협 등으로 위협받고 있습니다.[21]

우리는 인간의 죄 문제가 모든 문제의 근원이며 이 문제에 대한 하나님의 해결책은 오로지 예수 그리스도의 십자가라는 사실을 겸허하게 인정해야 합니다. 그렇지 않고 하나님의 지혜인 이 십자가를 무시하고 계속 인간의 지혜만 의지한다면 인류는 더 많은 고난과 고통 가운데 내던져질 것입니다.

과연 누가 어리석은 것입니까? 십자가를 구원의 길로 받아들이는 그

---

21) 존 맥아더, 『복음을 부끄러워하는 교회』 (생명의말씀사, 1994), pp. 161-162.

리스도인입니까? 아니면 십자가의 축복을 거부하는 현대인입니까? 많은 사람이 지금도 예수 그리스도의 십자가를 구원의 길로 믿고 따르는 그리스도인을 어리석다고 생각합니다. 그러나 예수 그리스도의 십자가가 참으로 하나님이 허락하신 유일한 구원의 방법이라면, 예수님의 십자가를 따르는 사람이 어리석은 것이 아니라 그 십자가를 거부하는 사람들이 모두 어리석은 사람이 된다는 사실을 알아야 합니다.

십자가의 복음은 이 세상 모든 사람의 지혜와 교만을 깨뜨리는 능력이 있습니다. 존 맥아더는 이렇게 말합니다.

> "바울 시대에 우리는 그리스-로마 세계를 풍미한 최소한 50가지의 서로 다른 철학을 밝혀낼 수 있다. 그런데 어느 날 복음이 나타나 이렇게 말했다. '철학은 중요하지 않다. 우리는 그 모든 것을 파괴할 것이다. 지혜로운 이들의 모든 지혜를 가져오고 가장 탁월한 이들을 데려오라. 엘리트, 가장 박식한 이들, 가장 능력 있는 이들, 가장 총명한 이들, 가장 영리한 이들, 수사학과 웅변술과 논리가 가장 탁월한 이들을 데려오라. 모든 지혜로운 자와 모든 서기관, 법률 전문가, 위대한 논객들을 모두 데려오라. 그러면 그들 모두 바보라고 불리게 될 것이다.' 복음은 그들을 전부 어리석다고 말한다."[22]

여러분은 어떻게 하시겠습니까? 하나님 밖에서 하나님 없이 지혜롭

---

22) 존 맥아더, 『값비싼 기독교』 (부흥과개혁사, 2009), pp. 51-52.

고 똑똑한 자가 되겠습니까? 아니면 세상 사람이 보기에는 어리석게 보이더라도 하나님의 지혜인 십자가 앞에 나아와 여러분의 모든 세상 지식과 지혜를 내려놓고 예수 그리스도를 구주로 영접하여 하나님의 자녀가 되는 축복의 길을 따르시겠습니까? 기억하십시오. 더 큰 지혜를 위해 자신의 작은 지혜를 내려놓고 포기할 줄 아는 사람이 사실은 정말 지혜로운 사람입니다.

십자가는 두 나라, 즉 이 세상 나라와 천국 사이의 경계선에 서 있습니다. 두 세계는 본질적으로 다르기 때문에 서로 배타적일 수밖에 없습니다.[23] 십자가 밖에 있는 세상 사람의 눈에 십자가는 참으로 어리석고 미련해 보입니다. 그러나 십자가의 비밀을 깨닫고 십자가 안으로 걸어 들어오게 되면, 십자가는 하나님의 지혜요 우리를 구원하시는 하나님의 능력이 됩니다. 이 사실을 깨닫는 사람은 참으로 복됩니다.

결국 십자가는 사람을 두 부류로 갈라놓는다고 할 수 있습니다. 존 스토트는 이렇게 말합니다. "신앙과 불신앙이 가장 크게 갈라지는 곳은 바로 십자가에 대한 각각의 태도에서이다. 신앙이 영광을 발견하는 바로 그 곳에서 불신앙은 수치를 발견한다. 헬라인에게 어리석은 것으로 보였고, 더 나아가 자기의 지혜를 의지하는 현대의 지성인에게도 어리석게 비치고 있는 그것이, 바로 하나님께는 지혜인 것이다."[24]

여러분은 어떻습니까? 어느 곳에 속하십니까? 십자가를 받아들인 신

---

23) 사무엘 채드윅, 『십자가의 능력』 (바울, 2006), p. 101.
24) 존 스토트, 『그리스도의 십자가』 (IVP, 1988), p. 50.

앙인에 속합니까? 아니면 십자가를 거부하는 불신앙인에 속합니까? 성경에서는, 예수께서 십자가에 달리셨을 때 예수님을 중심으로 좌우에 매달린 강도 이야기를 합니다. 한쪽 강도는 예수님을 주님으로 받아들였고 다른 한쪽은 끝까지 예수님을 모욕하고 거부했습니다. 오늘날도 예수 그리스도의 십자가는 이 세상 사람을 두 종류의 사람으로 나눕니다. 십자가의 지혜를 믿음으로 받아들이는 사람과 십자가의 지혜가 어리석다고 끝까지 거부하는 사람으로 나눕니다.

　물론 이 십자가를 믿고 받아들이는 것이 쉬운 일은 아닙니다. 십자가의 비밀을 깨닫는 것은 인간의 지혜로 되는 것이 아니기 때문입니다. 하나님은 이 세상 누구도 인간의 지혜로는 십자가를 이해할 수 없도록 하셨습니다. 인간이 자신의 지혜로 하나님의 비밀을 알게 되면 교만해질 것이기 때문입니다. 그러므로 하나님의 십자가의 비밀을 알 수 있는 유일한 방법은 하나님의 계시와 성령님의 조명입니다.[25] 기독교는 계시의 종교입니다. 성령님으로 말미암아 하나님의 계시가 깨달아지면 십자가의 비밀을 밝히 알 수 있습니다.

　그러므로 그리스도의 십자가 사건을 정확하게 알고 이해하려면 하나님의 은혜가 있어야 합니다. 하나님이 깨달음의 영을 부어 주셔야 합니다. 이 책을 읽으면서 계속 하나님의 영이신 성령님을 의지해야 하는 이유가 바로 여기에 있습니다. 기억하십시오. 하나님의 어리석음이 사람보다 지혜롭고 하나님의 약하심이 사람보다 강합니다 고린도전서 1:25.

---

25) 존 맥아더, 『값비싼 기독교』 (부흥과개혁사, 2009), p. 53.

"기독교의 참다운 근본은 십자가 복음이다.
그것을 걷어버리면 우리에게는 철학과 도덕 체계 외에는
남는 게 아무 것도 없다."
- A. B. 심슨 -

한 수 더

런던에 있는 화랑에 가면 '체크메이트' Checkmate, 외통수라는 제목의 그림이 있습니다. 이 그림에서는 악마 메피스토펠레스가 파우스트 왕과 체스 게임을 하면서 '장군' Checkmate을 부르고 있습니다. 파우스트 왕은 더 이상 빠져나갈 수 없는 외통수에 걸린 것입니다. 이것은 마귀의 계략에 빠져 도망갈 수 없는 상황에 놓인 인간의 모습을 생생히 그린 것입니다.

어느 날 이 화랑에 어떤 사람이 일단의 여행자들과 함께 관광을 왔습니다. 그는 이 그림을 한참 뚫어지게 쳐다보다가 갑자기 소리쳤습니다. "거짓말, 거짓말이야! 왕이 한 수 더 둘 수 있어!" 그는 러시아인으로 체스 세계 챔피언이었습니다. 그는 그림을 유심히 살펴보다가 다른 사람이 알아차리지 못한 수가 하나 더 있다는 것을 발견한 것입니다.[26]

그렇습니다. 하나님도 마찬가지입니다. 사탄이 예수님을 십자가에 못 박아 죽여버렸을 때 자신들이 승리한 것으로 생각했습니다. 그들은 우주의 왕이신 하나님을 외통수로 몰아넣은 것으로 생각하고 기뻐 날

---

26) 데렉 티드볼, 『십자가』 (IVP, 2003), pp. 198-199.

뛰었습니다.

그러나 하나님께는 한 수가 더 있었습니다. 바로 부활 사건입니다. 비록 예수님은 십자가 위에서 목숨을 거두었지만, 사흘 만에 부활하셨습니다. 그리고 사탄의 세력을 박살내셨습니다.

사탄이 이 사실을 알았더라면, 이 세상의 권력자들을 부추겨 예수님을 십자가에 못 박는 일은 하지 않았을 것입니다. 성경은 이렇게 말합니다.

> "그러나 우리가 온전한 자들 중에서는 지혜를 말하노니 이는 이 세상의 지혜가 아니요 또 이 세상에서 없어질 통치자들의 지혜도 아니요 오직 은밀한 가운데 있는 하나님의 지혜를 말하는 것으로서 곧 감추어졌던 것인데 하나님이 우리의 영광을 위하여 만세 전에 미리 정하신 것이라 이 지혜는 이 세대의 통치자들이 한 사람도 알지 못하였나니 만일 알았더라면 영광의 주를 십자가에 못 박지 아니하였으리라" 고린도전서 2:6-8.

지금도 마찬가지입니다. 세상 사람들은 자신들이 똑똑하다고 생각합니다. 그래서 예수 그리스도의 십자가를 외면합니다. 그리고 이 십자가의 복음을 전하는 사람을 경멸하고 무시합니다. 그러나 그들은 십자가의 진정한 능력을 알지 못합니다. 십자가가 처절한 실패와 죽음으로 끝나는 것이 아님을 알지 못합니다. 이 십자가의 비밀은 이 세상 지혜로는 알 수 없습니다. 하나님이 주시는 지혜, 계시의 영인 성령을 받아야 합니다.

그렇게 될 때 우리는 십자가를 통한 하나님의 사랑을 깨닫게 되고, 십자가를 통한 하나님의 구원 계획을 알게 됩니다. 이것을 알지 못하는 사람에게는 십자가는 한없이 어리석고 미련하게 보일 뿐입니다.

그러나 이 사실을 깨닫는 사람에게 십자가는 하나님의 지혜이고 구원을 주는 능력입니다.

"십자가는 이상하다. 십자가는 사람들의 기대를 무너뜨린다.
현자의 지혜를 무색하게 만들고 명철을 퇴색시킨다.
그러나 늘 경이로움으로 가득한 하나님과 완벽하게 맞아 떨어진다.
하나님 외에 누가 이런 일을 생각하고 하나님이 선택한 사람이 아니라면
누가 이런 일을 믿겠는가?"

_ 존 피셔

2 위에서 본 십자가

인간이 죄인이라는 진리는

항상 사람들을 겸손하게 하며 깨어 있게 만든다.

_ 찰스 스펄전 Charles Spurgeon

다시 보는 십자가

십자가에 드러난 하나님의 공의

하나님의 완벽한 희생제사

십자가형의 처참함

예수님의 피의 능력

오늘날 현대인의 문제

2

+

위에서 본 **십자가**
_ 하나님의 공의

"제구 시에 예수께서 크게 소리 지르시되 엘리 엘리 라마 사박다니 하시니 이를 번역하면 나의 하나님, 나의 하나님 어찌하여 나를 버리셨나이까 하는 뜻이라."
_ 마가복음 15:34

'위에서 본 십자가', 이 십자가는 하나님의 관점에서 본 십자가입니다. 살바도르 달리Salvador Dali가 그린 작품 중에 '십자가 성 요한의 그리스도'라는 작품이 있습니다. 십자가상의 예수 그리스도를 위에서 내려다본 것 같은, 특이한 구도로 그린 작품입니다.

이 그림을 보면서 예수님의 십자가를 하나님의 관점에서 보면 어떨까 하는 생각이 들었습니다.

도대체 왜, 하나님은 이렇게 끔찍한 십자가를 예수님이 지도록 허락하셨을까? '위에서 본 십자가'는 바로 이러한 관점에서 십자가를 묵상한 내용입니다.

1. 십자가에 드러난 하나님의 공의

제임스 패커의 수제자로 21세기 최고의 복음주의 신학자로 알려진 알리스터 맥그래스는 예수 그리스도의 십자가에 관하여 언급하면서 "사랑의 하나님에 대한 믿음의 중심에 죽음과 절망의 상징 – 십자가에 달려 죽은 한 사람에 대한 두려운 그림 – 이 놓여 있는 이유는 무엇인가?"[1]라고 질문합니다.

이 질문은 기독교에서 십자가가 상징하는 의미가 얼마나 중요한지 알려주는 동시에, 왜 기독교의 핵심 메시지가 피로 물든 끔찍한 십자가여야 하는지를 생각하게 합니다. 여기에 대한 대답은 '하나님의 공의' 입니다. 하나님은 공의로운 분이시기에 죄를 적당히 눈감아 줄 수 없다는 사실을 십자가는 보여줍니다.

존 스토트는 하나님이 거룩하시다는 사실은 죄가 하나님과 양립할 수 없다는 사실을 강조하는 것이라고 하면서 이것을 십자가와 연결하여 이렇게 이야기합니다. "하나님을 악을 '형벌' 하거나 '심판' 하는 분으로 생각할 수 있을까? 그렇다. 우리는 그렇게 생각할 수 있고, 또한 그렇게 생각해야 한다. 실로 십자가의 본질적인 배경은, 인간의 죄, 책임 그리고 죄책뿐만 아니라, 이런 것들에 대한 하나님의 의로운 반응, 곧 그의 거룩과 진노도 포함되는 것이다."[2]

---

1) 알리스터 맥그래스, 『십자가로 돌아가라』 (생명의말씀사, 2007), p. 14.
2) 존 스토트, 『그리스도의 십자가』 (IVP, 1988), p. 128.

우리가 하나님을 진노하시는 하나님으로 정확하게 이해하는 것이 중요합니다. 구약성경 나훔서는 이렇게 말합니다.

> "여호와는 질투하시며 보복하시는 하나님이시니라 여호와는 보복하시며 진노하시되 자기를 거스르는 자에게 여호와는 보복하시며 자기를 대적하는 자에게 진노를 품으시며" 나훔 1:2.

여기서 진노한다는 말은 화를 내고 분노한다는 말입니다. 하나님의 진노는 구약성경에 580회 이상 나오며, 20개 이상의 단어가 사용되고 있습니다.[3] 그런데 이 하나님의 진노를 잘못 이해하면, 하나님도 사람처럼 분노를 폭발하는 것으로 오해하기 쉽습니다. 이러한 신인동형적 언어를 오해해서는 안 됩니다. 이것은 하나님이 자제력을 잃고 화내시는 것을 의미하지 않습니다. 하나님의 분노는 의로운 분노입니다.

이러한 하나님의 분노를 소위 '법정적 분노'라고 합니다. 공의를 행하는 재판관의 분노입니다. 하나님이 이렇게 진노하시는 것은 본성적으로 거룩하시기 때문입니다. 하나님의 완전하고 거룩하신 성품은 죄를 눈감아 줄 수 없습니다.

그래서 제임스 패커는 하나님의 공의를 이렇게 표현합니다. "하나님이 죄를 처벌하심으로 진노를 표출하시는 것이 도덕적으로 의심스러운 것이 아니라, 오히려 그런 식으로 그분의 진노를 보여주지 않으시는 것

---

3) Leon Morris, *The Atonement: Its Meaning and Significance* (IVP, 1983), p. 153.

이 도덕적으로 의심스러운 것이다. 하나님이 모든 죄와 잘못에 대해 마땅한 징벌을 내리지 않으신다면 그분은 의롭지 않다."[4]

무슨 말입니까? 하나님은 우주를 다스리는 재판관이십니다. 그런 분이 죄를 적당히 눈감아 주면 재판관의 자질이 의심스러워집니다.

데렉 티드볼은 하나님이 악행에 대해 진노하시는 것은 그분의 영광의 일부라고 하며 이렇게 말합니다. "하나님이 자신이 창조한 사람들이 제멋대로 사악하고 파괴적인 행동을 저지르고, 다른 사람들에게 비인도적 행위를 저지르는데도 책임을 추궁하거나 그들이 하는 일에 대해 불쾌감을 표현하지 않는다면, 어떻게 우리의 예배를 받기에 합당한 분이 되실 수 있는가?"[5]

마이클 그린도 비슷하게 설명합니다. "하나님이 어떠한 대가도 요구하지 않고 단순히 용서하시는 분이라면, 이것은 철저한 무관심이다. 이것은 옳고 그름의 구별을 말살시키고, 선한 것도 괜찮고 악한 것도 상관없다는 식으로 말하는 것이다."[6] 하나님이 악한 것을 문제 삼지 않으신다면, 자연히 선을 행해야겠다는 우리의 동기도 말살됩니다. 하나님께는 선한 것이나 악한 것이 아무 의미가 없다면, 어느 누가 선한 행동을 하겠습니까? 그렇게 되면 세상은 완전한 어둠 가운데 처할 것입니다. 그러므로 악에 대한 하나님의 분명한 진노와 심판은 축복입니다.

십자가는 '하나님의 사랑'의 증거요 '하나님의 공의'의 증거로 이

---

4) 제임스 패커, 마커 데버, 『십자가를 아는 지식』 (살림, 2010), pp. 41-42.
5) 데렉 티드볼, 『십자가』 (IVP, 2003), p. 72.
6) 마이클 그린, 『텅빈 십자가』 (서로사랑, 2007), pp. 116-117.

해되어야 합니다. 이 의미는 대단히 중요합니다. 십자가를 볼 때 우리는 하나님의 사랑을 생각합니다. 그러나 그 십자가 사랑이 진정한 사랑이 되는 것은 그 십자가가 우리를 위한 희생의 십자가로 인식될 때입니다. 예수 그리스도의 죽음이 하나님의 공의를 만족시키기 위한 대속의 죽음임을 확실하게 인식할 때 그 십자가는 진정 사랑의 십자가로 다가옵니다.[7]

우리가 분명하게 알아야 할 것은 우리가 하나님과 화목하지 못한 이유는 우리의 죄 때문이라는 사실입니다. 하나님은 거룩하고 완전한 분이시기에 죄를 적당히 눈감아 주실 수 없습니다. 그래서 하나님은 다른 방법을 택하셨는데 바로 자신의 아들을 십자가에 내어 주심으로 죄 문제를 해결하여 우리와 화목하는 것이었습니다.

그래서 성경은 이렇게 말합니다.

> "곧 우리가 원수 되었을 때에 그의 아들의 죽으심으로 말미암아 하나님과 화목하게 되었은즉 화목하게 된 자로서는 더욱 그의 살아나심으로 말미암아 구원을 받을 것이니라" 로마서 5:10.

하나님의 아들 예수 그리스도의 죽음이 우리와 하나님 사이를 화목시킨 것입니다. 그런데 우리가 십자가를 생각할 때 한 가지 주의할 것이 있습니다. 비록 십자가가 죄에 사로잡힌 인간을 자유케 했다는 차원

---

[7] 존 스토트, 『그리스도의 십자가』 (IVP, 1988), p. 277.

에서 속전贖錢의 의미가 있지만, 예수께서 십자가상에서 지불한 속전은 사탄에게 지불한 것이 아니라는 사실입니다.

표면적으로 인간은 죄로 인해 사탄의 사슬에 매여 있는 것이 사실입니다. 그리고 예수 그리스도의 십자가가 우리를 죄와 사탄의 영향력으로부터 자유케 한 것도 사실입니다. 그러나 그것이 사탄의 승리를 의미하는 것은 아닙니다. 그렇게 되면 승리자는 사탄이 되고 패배자는 그리스도가 되기 때문입니다.

R. C. 스프룰은 이렇게 말합니다. "만일 그리스도가 우리를 사탄의 속박에서 구원하기 위해 그에게 속전을 지불하셨다면 과연 누가 승리자의 위치에 서는 것인가?"[8] 그러면서 그는 유괴 사건을 예로 듭니다. "납치범이 원하는 것은 납치된 아이가 아니라, 아이의 부모를 협박해 돈을 받아내는 것이다. 만약 부모가 납치범의 위협에 못이겨 돈을 주게 되면 승리는 납치범에게로 간다."[9]

이와 마찬가지로 사탄에게 속전이 지불되었다면, 그리스도가 아닌 사탄이 최종적인 승리자가 됩니다. 그래서 R. C. 스프룰은 이렇게 결론을 내립니다. "성경은 결코 속전이 사탄에게 지불되었다고 말하지 않는다. 성경은 죗값을 치러야 할 대상이 사탄이 아니라 성부 하나님이라고 말한다. 성부 하나님은 인간이 죄를 지음으로 인해 피해를 입은 당사자이다. 결국 예수님은 우리를 위해 성부 하나님께 자신을 드림으로

---

8) R. C. 스프룰, 『구원의 의미』 (생명의말씀사, 2003), p. 86.
9) Ibid.

써 구속의 대가를 치르신 것이다."[10]

십자가는 사탄을 만족시킨 것이 아니라 하나님의 공의를 만족시킨 것임을 기억해야 합니다. 하나님은 결코 십자가를 통해 사탄과 거래하신 것이 아닙니다. 사탄은 결코 하나님의 적수가 되지 못합니다. 하나님은 공의로우신 분이시기에 죄 지은 인간이 고난과 어려움당하는 것을 허용하셨을 뿐입니다. 그리고 십자가 사건을 통하여 죄악 된 인간이 죄 문제를 해결하고 하나님 앞으로 나올 수 있는 길을 열어 놓으신 것입니다.

루터가 이 사실을 깨달았을 때 종교개혁이 일어났습니다. 1500년대 초, 그는 비텐베르크의 한 수도원에서 로마서 1:17을 읽고 있었습니다.

> "복음에는 하나님의 의가 나타나서 믿음으로 믿음에 이르게 하나니 기록된 바 오직 의인은 믿음으로 말미암아 살리라 함과 같으니라."

처음에 루터는 이 구절을 무척 싫어했다고 합니다. 이 구절이 죄인들에게 요구하시는 하나님의 거룩하고 완전한 의를 의미한다고 생각했기 때문입니다.

루터는 언제나 자신의 죄 문제로 고민하고 있었기에 자신의 그런 상태로는 의로우신 하나님 앞에 나아갈 수 없음을 깊이 자각하고 있었습니다. 그는 '하나님의 의' 라는 말을 하나님이 심판의 자리에서 죄인들에게 요구하는 공의 차원의 의라고 생각했기에 깊이 절망할 수밖에 없

---

10) R. C. 스프룰, 『구원의 의미』 (생명의말씀사, 2003), p. 86.

었습니다. 그러나 다음 순간 17절 후반부 말씀의 의미를 깨닫게 됩니다.

"기록된 바 오직 의인은 믿음으로 말미암아 살리라 함과 같으니라."

그가 이 말씀을 깨닫는 순간, 그의 마음에 하늘의 빛이 임하였습니다. '복음에서 드러난 의'는 '하나님이 우리 인간에게 요구하시는 의'가 아니라 '예수 그리스도로 인하여 우리에게 주어진 의'라는 사실을 깨달았을 때 그는 믿음으로 인한 구원의 비밀을 발견할 수 있었습니다. 우리는 이것을 '칭의 교리'라고 합니다. 다음은 루터가 깨달은 내용입니다.

"나는 '하나님의 의'와 '오직 의인은 믿음으로 말미암아 살리라.'는 말씀 사이의 연관성을 깨달았다. 그러자 하나님의 의는 은혜와 순전한 긍휼을 통해, 믿음을 통해 우리를 의롭게 하시는 의라는 것을 이해할 수 있었다. 그래서 나는 거듭난 것을 느꼈고 천국으로 향하는 활짝 열린 문을 통과해 들어갔음을 느꼈다. 성경 전체가 새로운 의미를 띠게 되었다."[11]

이 말씀을 깨닫기 전에는 '하나님의 의'라는 개념을 증오했지만, 이 말씀을 깨닫고 난 뒤에는 이 말이 루터에게는 이 세상에서 가장 달콤한 말이 되었다고 합니다. 왜냐하면 '하나님의 의'는 하나님이 '죄인들에

---

11) Roland Bainton, *Here I stand* (Abingdon, 1950), p. 65.

게 요구하시는 의'가 아니라 예수 그리스도의 십자가를 통해 하나님이 '우리에게 선물로 주시는 의'임을 깨달았기 때문입니다. 이 깨달음으로 루터는 종교개혁의 깃발을 높이 들 수 있었습니다.

2. 하나님의 완벽한 희생제사

하나님의 공의가 십자가를 통해 어떻게 만족되었는지 알기 위해서는 예수 그리스도가 오시기 전에 인간의 죄 문제를 하나님이 어떻게 처리하셨는지 알아야 합니다. 그것은 동물의 제사를 통한 피 흘림과 희생이었습니다.

존 피셔는 이렇게 말합니다. "하나님의 생각 속에서 죄와 피는 항상 연결되어 있다. 내 죄는 반드시 값을 치러야 한다. 내가 내 피를 흘려 값을 치르든지 아니면 다른 누가 나를 위해 값을 치러야 한다. 소를 잡든 양을 잡든 피를 흘려야 하고 결국 완전한 제물이 희생되어야 한다. 누가 대신 피를 흘리지 않고는 살아 있을 수 없다."[12] 죄와 피는 연관되어 있습니다. 피를 흘리지 않고는 죄 문제가 해결되지 않습니다.

그 이유를 성경은 이렇게 말합니다. "육체의 생명은 피에 있음이라 내가 이 피를 너희에게 주어 제단에 뿌려 너희의 생명을 위하여 속죄하게 하였나니 생명이 피에 있으므로 피가 죄를 속하느니라"레위기 17:11.

---

12) 존 피셔, 『험한 십자가』 (죠이선교회, 2005), p. 37.

이것이 바로 구약의 제사 제도를 통해 하나님이 우리에게 분명하게 보여주시는 메시지입니다.

그러므로 구약 특히 레위기에 나오는 제사 제도에 대하여 읽을 때, 모든 동물의 피의 희생제사는 인간의 죄를 해결하기 위한 것이며, 이것은 장차 우리를 위해 흘리실 예수 그리스도의 보혈을 상징함을 알아야 합니다.

오랫동안 가깝게 지내는 친구 목사님이 전도사 시절에, 주중에는 서울에서 학업을 하고 주말이면 전도사로 섬기기 위해 대구로 내려가곤 했습니다. 그런데 어느 주말, 대구로 가는 기차에서 성경을 읽는데 마침 본문이 레위기였답니다. 한참 레위기를 읽는 중에, 갑자기 코에 피비린내가 확 풍기면서 동물들이 죽어가는 모습이 우리 죄를 위해 피 흘려 죽으신 예수님의 모습과 오버랩되었답니다.

성령께서 초자연적인 방법으로 성경본문 속으로 밀어 넣으신 것이 아닌가 합니다. 어쨌든 그 순간 주님의 십자가 사랑을 절절이 깨닫게 되어 엄청 통곡하며 울었다고 합니다. 몇 시간 동안 슬퍼하며 눈물을 흘리니 옆자리에 앉은 여자 분이 무슨 일이 있느냐고, 혹시 실연을 당했냐고 묻더랍니다.

구약 시대에 하나님은 왜 그토록 많은 동물이 제사를 통해 죽어가게 하셨을까요? 우리의 죄악이 얼마나 끔찍하고 참혹한 것인지 알게 하기 위해서입니다. 하나님은 동일한 이유로 참혹한 십자가도 허락하셨습니다. 이것을 통해 죄를 극도로 싫어하시는 하나님의 마음을 알게 하기 위해서입니다. 여기에 십자가의 의미가 있습니다.

존 피셔는 어느 날 아침 레위기를 읽다가 짐승들의 제사가 실제적으로 얼마나 끔찍한 제사였는지 묵상한 적이 있다고 합니다. 그 이야기를 그대로 옮겨 보겠습니다.

"나는 소, 염소, 양을 죽일 준비를 하고 하루를 맞는 제사장이 되는 상상을 했다. 가죽을 벗기고, 내장과 지방을 제거하고, 각을 뜨고, 비둘기라면 머리를 비틀고, 날개를 찢어내고, 그런 다음 여기저기 제단에, 다른 제사장들의 발가락과 귓불에 계속 피를 뿌린다. 그 냄새와 낭자한 핏자국과 파리 떼와 쓰레기를 상상해 보라. 게다가 이런 일은 끝이 없다. 제사장이 방금 황소를 죽이고 막 제사를 마쳤는데 한 사람이 나타나 이렇게 말한다. '저를 위해 희생제물을 드려 주십시오. 제가 이웃집 부인과 동침하고 말았습니다.' 내가 제사장이었다면 소를 잡는 대신 그를 잡을 것 같다. ……이런 일이 수없이 반복되면, 한번쯤은 제사장 중에 누군가는 끈적끈적한 손을 하늘 높이 쳐들고 소와 양과 비둘기들이 우는 가운데 크게 소리치지 않겠는가? '이 놈들아, 제발 죄 좀 짓지 마라!'"[13]

당시의 동물은 이스라엘 백성 대신 죽은 것입니다. 이와 마찬가지로 예수님은 인간 대신 죽으신 것입니다. 죄 문제가 없었다면 십자가는 필

---

13) 존 피셔, 『험한 십자가』 (죠이선교회, 2005), p. 35.

요없었을 것입니다. 이것이 십자가를 이야기할 대 우리 죄에 대해 분명히 짚고 넘어가야 할 이유입니다. 십자가는 일종의 '피 흘림의 제사'였습니다.

결국, 성경에 나오는 모든 제사는 앞으로 자신의 피를 흘려 온 인류를 구원할 예수 그리스도의 십자가 사건을 미리 보여준 것이었습니다. 그 중 가장 대표적인 예가 바로 유월절 양입니다.

이스라엘 백성이 지켜야 할 3대 절기 중에 유월절이 있습니다. 유월절은 이스라엘 백성이 애굽(이집트)의 포로생활에서 나올 때, 하나님이 모세를 통해 애굽 왕 바로에게 내리신 10가지 재앙 중 마지막 재앙에서 유래되었습니다. 바로가 마음을 완악하게 하여 하나님의 명령을 거부하고 이스라엘 백성을 놓아주지 않으므로 하나님이 재앙을 차례로 내리셨습니다. 그 열 번째 재앙으로 바로의 아들을 포함한 애굽 땅에 있는 모든 장자와 생축의 처음 난 것이 죽음을 당했습니다.

그런데 이스라엘 백성도 애굽 땅에 살고 있었습니다. 그래서 하나님은 그들이 재앙에서 벗어날 수 있도록 흠 없는 어린 양을 잡아 그 피를 문 좌우 설주와 인방에 바르게 했습니다. 그들의 구원을 위해 죄 없는 어린 양이 죽임을 당해야 했습니다. 피를 바른 집은 하나님의 죽음의 사자가 그냥 넘어갔습니다.

유월절은 영어로 'the Passover', 즉 '넘어가다'는 뜻입니다. 하나님의 심판이 애굽 전역에 임했지만, 양의 피가 있는 집은 재앙을 면하였습니다. 죽음의 사자가 그 집에 들어가지 않고 넘어갔기 때문에 심판을 면할 수 있었습니다. 그런데 신약성경은 우리 죄로 인한 하나님의 심판을 피하고 넘어갈 수 있게 해주는 유월절 양이 곧 예수 그리스도라고 합니다.

세례 요한은 예수님을 보고 "보라 세상 죄를 지고 가는 하나님의 어린 양이로다"요한복음 1:29라고 했습니다. 그렇습니다. 성경은 일관되게 예수님이 십자가 위에서 처절하게 피 흘리고 고난당하신 이유는 우리 죄를 위함이며, 이 예수님을 믿으면 예수님의 피로 인해 우리에게 임할 하나님의 심판이 넘어가게 된다고 말합니다.

성경을 자세히 살펴보면, 예수님의 십자가 사건과 유월절이 밀접한 관련이 있음을 알 수 있습니다. 우리는 먼저 예수님이 죽으신 시각에 주목할 필요가 있습니다. 요한복음 19:14은 예수님이 사형 선고를 받은 시간이 "이 날은 유월절의 준비일이요 때는 제육 시라"고 합니다.

데렉 티드볼은 이 시간의 의미를 이렇게 말합니다. "예수님에게 일어나고 있는 일의 의미를 이보다 더 확실하게 나타낼 수는 없다. 그분은 유월절 양을 잡는 바로 그 순간에 십자가에 달리도록 넘겨진다. 더 위대한 유월절 양이 드려짐으로 첫 번째 유월절은 유효 기간이 지나 폐기되고 있었다. 그분은 애굽에서의 해방을 영원히 능가할 출애굽을 가져오시는 보편적 해방의 도구가 되실 분이었다."[14]

예수님은 자신이 죽을 시간을 임의로 선택한 것이 아닙니다. 하나님의 놀라운 섭리 가운데 일 년에 단 한번, 즉 유월절 양이 죽는 바로 그 시간에, 예수님은 모든 인류를 위한 희생제물이 되어 십자가 죽음의 길

---

14) 데렉 티드볼, 『십자가』 (IVP, 2003), p. 250.

로 넘겨지셨습니다.

또 예수께서 십자가에 못 박혔을 때, "사람들이 신 포도주를 적신 해면을 우슬초에 매어 예수의 입에 대었다요 19:29는 사실을 주목해야 합니다. 놀랍게도 출애굽기에서 이스라엘 백성이 유월절 양을 잡아 그 피를 문 좌우 설주와 인방에 바를 때 사용하던 도구가 바로 우슬초였습니다. "우슬초 묶음을 가져다가 그릇에 담은 피에 적셔서 그 피를 문 인방과 좌우 설주에 뿌리고 아침까지 한 사람도 자기 집 문 밖에 나가지 말라"출애굽기 12:22.

다시 한번 애굽에서 제물로 드려진 유월절 어린 양과 갈보리에서 제물로 드려진 예수 그리스도 사이에 밀접한 관련이 있음을 볼 수 있습니다.[15] 이스라엘 백성은 정결을 기원하는 의식에 이 우슬초를 사용했습니다.

출애굽 때 죽음의 사자를 피하기 위해 어린 양의 피를 적시는 데 사용되었던 우슬초가 온 인류를 위한 희생양으로 피흘리시는 예수 그리스도에게 다시 사용되었습니다.

마지막으로 예수께서 십자가에서 돌아가실 때 다리뼈가 꺾이지 않은 채 죽음을 맞이하신 것을 주목해야 합니다. 로마의 사형 집행인은 십자가에 달린 죄수가 빨리 죽지 않으면 다리를 꺾어 빨리 죽게 하는 경우가 많았다고 합니다. 그런데 예수님은 이미 죽으셨기 때문에 다리를 꺾

---

15) 데렉 티드볼, 『십자가』 (IVP, 2003), p. 251.

을 필요가 없었습니다. 이 부분이 바로 유월절 어린 양에 대한 내용과 다시 연관됩니다.

하나님은 유월절 어린 양에 대해 이렇게 말씀하셨습니다. "아침까지 그것을 조금도 남겨 두지 말며 그 뼈를 하나도 꺾지 말아서 유월절 모든 율례대로 지킬 것이니라" 민수기 9:12. 예수님은 비록 심한 채찍질을 당하셨지만 그 뼈는 하나도 꺾이지 않으셨습니다. 이것이 바로 예수께서 유월절 어린 양으로 오신 또 하나의 증거입니다.

성경이 기록될 당시 이스라엘 남자들은 하나님이 베푸신 출애굽 사건을 기억하기 위해서 의무적으로 매년 예루살렘 성전에 올라가 유월절 양을 잡아 하나님께 드려야 했습니다. 그들이 잡아 죽인 양의 수를 계산하면 엄청납니다. 요세푸스의 계산에 의하면 유월절 하루 동안 잡는 양의 숫자만 무려 256,000마리였다고 합니다. 이런 식으로 따지면 이스라엘 역사에서 예수께서 오시기 전까지 거의 1,500년간 흘린 동물의 피의 양은 계산이 불가능합니다.[16]

그렇다면 하나님은 왜 이렇게 많은 수의 동물이 죽게 하셨을까요? 예수 그리스도의 보혈의 가치가 얼마나 높은지 웅변적으로 말씀하시기 위함이 아닐까요? 예수님의 보혈의 가치는 지난 수천 년간 구약 제사를 통해 흘린 그 엄청난 동물의 피를 다 대신하고도 남을 만큼 엄청나게 보배롭고 가치 있는 피였음을 말씀하고 싶으신 것입니다.

십자가의 의미에 대하여 누군가 이런 말을 했습니다. "어떤 문제의

---

16) 맥스웰 화이트, 『보혈의 능력을 취하라』 (규장, 2009), p. 97.

심각성 정도는 그 문제에 대한 해결책의 강도로 알 수 있다. 문제가 크면 해결책도 클 것이다. 인간의 죄의 문제가 작은 것이었다면 하나님은 한 권의 책을 보내실 수도 있었을 것이다. 그러나 하나님은 아들을 보내셨다. 그것은 이 죄의 문제가 얼마나 크고 심각한지를 우리에게 알려준다."

하나님은 구약의 제사 제도를 통하여 인간의 죄 문제가 얼마나 심각한지 보여 주셨습니다. 그리고 신약에 와서는 예수 그리스도의 십자가 사건을 통하여 우리에게 요구하시는 하나님의 공의가 얼마나 높은 수준인지를 생생하게 보여 주셨습니다.

죄는 너무나 심각하여 오로지 피 흘림을 통해서만 해결할 수 있고, 인간의 죄에 대한 근본적인 해결은 오직 하나님의 아들 예수 그리스도의 십자가 죽음 외에는 방법이 없었던 것입니다. 십자가는 단순한 죽음이 아니라 인간의 죄를 위한 하나님의 '완벽한 희생제사'였습니다.

3. 십자가형의 처참함

여러분은 하나님에 대해 어떤 이미지를 갖고 있습니까? 사람들은 하나님을 죄에 대해 관대하신 분으로 생각합니다. 죄를 지어도 어깨를 툭 치면서 "그럴 수 있지. 사람은 누구나 실수할 수 있어."라고 말하는 산타클로스 같은 이미지의 하나님을 생각합니다. 그러나 이는 전혀 성경적이지 않습니다.

성경적인 하나님의 이미지는 죄에 대해 철저하게 책망하고 심판하시는 것입니다. 우리는 제사 제도를 통해 이것을 알 수 있습니다. 하나님은 죄를 적당히 넘기는 법이 없으십니다. 죄를 지으면 어김없이 짐승이 희생되어야 했습니다. 이것은 하나님이 죄를 얼마나 미워하시는지 분명하게 보여줍니다. 구약에서 짐승 잡는 제사법을 자세히 살펴보면, 생각보다 상당히 끔찍했음을 알 수 있습니다.

> "그는 여호와 앞에서 그 수송아지를 잡을 것이요 아론의 자손 제사장들은 그 피를 가져다가 회막 문 앞 제단 사방에 뿌릴 것이며 그는 또 그 번제물의 가죽을 벗기고 각을 뜰 것이요……아론의 자손 제사장들은 그 뜬 각과 머리와 기름을 제단 위의 불 위에 있는 나무에 벌여 놓을 것이며 그 내장과 정강이를 물로 씻을 것이요 제사장은 그 전부를 제단 위에서 불살라 번제를 드릴지니……" 레위기 1:5-9.

구약 시대에 하나님께 제물을 바치는 모습을 보면 희생제물을 죽여 피를 뽑고, 가죽을 벗기고, 각을 뜨고, 머리와 기름을 분리하고, 또 내장과 정강이를 물로 씻고, 그 모든 것을 단위에서 불살라 번제를 드립니다. 이것을 짐승에게 하지 않고 사람에게 한다고 생각해 보면 어떨까요?

사람을 갈기갈기 찢어서 가죽을 벗겨내고 뼈와 내장이 드러나게 하고, 피가 다 빠져나가도록 만들며 온몸을 만신창이로 만드는 장면은 아마 상상만 해도 끔찍하여 생각조차 하기 싫을 것입니다. 물론 실제로 사람을 제물로 바칠 일은 없으니, 그런 생각은 할 필요가 없다고 말할 수도 있습니다. 그런데 하나님은 이 끔찍한 제사를 실제로 사람에게 적용시키셨습니다. 그것이 바로 예수 그리스도의 십자가 사건입니다.

하나님은 구약의 제사 의식을 통하여 죄에 대한 하나님의 진노가 얼마나 심각한지 생생하게 보여 주시고 난 뒤, 신약 시대에 들어와 그 제사 의식을 인간에게 직접 적용하셨습니다. 그런데 인간이 이 끔찍한 희생제사를 온몸으로 감당하면 어느 누구도 살아남을 수 없어서 친히 당신의 아들 예수 그리스도를 보내셨습니다.

예수님의 십자가 사건을 자세히 살펴보면, 구약 시대에 제물로 바쳐진 동물들의 온몸이 갈기갈기 찢겨지던 모습과 상당히 유사합니다. 예수님은 십자가를 지시기 전에 채찍을 맞으셨습니다. 이 채찍은 우리가 생각하는 그런 채찍과 다릅니다. 신약 고고학을 연구하는 사람들에 의하면 예수님 당시에 사용되던 채찍은 한 줄로 된 기다란 채찍이 아니라 아홉 가닥의 가죽으로 된 채찍이었습니다. 각각의 가닥 끝에는 날카로운 쇠붙이나 짐승의 뼈를 깎아 만든 뾰족한 물체가 달려 있어서 몸에 채찍이 감길 때 살점이 찢어지도록 만들어졌다고 합니다.[17] 이 채찍에 배를 맞으면 배가 갈라져서 창자가 빠져 나오고, 등을 맞으면 등뼈가 보일 정도이며, 몸에 맞으면 살점이 찢어져서 너덜거리게 됩니다.[18]

4세기에 저작 활동을 한 유세비우스는 "채찍질을 할 때 주변에 있던

---

17) 김남준, 『십자가』 (솔로몬, 1994), pp. 13-14.
18) 기동연, 『성전과 제사에서 그리스도를 만나다』 (생명의양식, 2008), p. 185.

사람들은 희생자의 혈관과 동맥이 찢어져 몸 깊숙이 숨겨진 근육이 남김없이 드러나고, 밖에서도 내장이 다 보이게 드러나는 모습에 경악했다."는 기록을 남기기도 했습니다. 이것이 바로 예수께서 십자가에 매달리기 전에 우리를 위해 당하신 고통입니다.

이미 채찍질로 초죽음이 되신 예수님은 이제 양손과 양발에 못이 박혀 돌아가시게 되었습니다. 많은 사람이 예수님의 손에 못을 박았다고 생각하지만, 실제로 손에 못이 박히면 몸무게를 지탱하지 못해서 손바닥이 찢어지기 때문에 대부분 손목에 못을 박았다고 합니다.

손목에 못을 박을 때, 십자가형을 당하는 그 사람은 말할 수 없는 고통을 느낀다고 합니다. "손목에는 정중신경median nerve이 지나가기 때문에, 그 굵은 정중신경이 거의 절단되다시피 심각하게 손상된다."[19]는 것입니다. 신경이 얼마나 예민하고 통증을 잘 느낍니까? 치과 치료를 받을 때 신경 치료를 하게 되면 미리 마취 주사를 맞지 않으면 견딜 수 없습니다.

우리 몸에서 가장 예민한 부분이 신경이기 때문에 "손목이 가로 막대에 못 박힐 때, 예수님의 손목을 지나는 신경이 파괴되면서, 두 팔에는 전기에 감전되는 것처럼 불 같은 고통이 찾아왔을 것입니다."[20]

그 다음 무릎을 굽히고 두 다리를 구부려 옆으로 젖힌 뒤 두 발을 모아 한꺼번에 기둥에 못으로 박았습니다. 이 때 종아리와 발바닥의 말초신

---

19) 박은주, 『십자가의 진실』 (두란노, 2008), pp. 71-72.
20) Ibid., p. 75.

경들이 손상되어 예수님은 또 한번 극심한 고통을 겪으셨을 것입니다.[21]

십자가에 매달려서도 고통은 계속됩니다. 십자가에 못 박힌 상태의 예수님은 극심한 호흡곤란을 겪으셨을 것입니다. 의학적으로 예수님의 상태를 설명해 보면, 두 팔이 위로 고정된 채 십자가에 매달려 있는 것은 흉곽과 늑간 근육이 올라가서 숨을 들이쉬는 상태로 고정되어 있는 것과 마찬가지입니다. 그러므로 이런 경우에는 아주 얕은 숨을 내쉴 수밖에 없고 이로 인해 폐에 숨이 점점 차올라 호흡하기가 곤란해진다고 합니다.[22]

이 경우에 예수님은 호흡곤란을 막기 위해 자신의 몸을 기둥에 의지하여 발목에 박힌 못을 지렛대처럼 사용해서 다리를 곧게 펴야 했습니다. 이 과정에서 "온몸의 무게를 발에 싣다 보니 발등의 못 박힌 부위의 고통이 더할 것입니다. 팔에 힘을 줘서 당겨 올려야 하니 파열된 정중신경을 더 자극할 수밖에 없습니다."[23] 이렇게 해서 겨우 숨을 내쉰 다음에는 몸이 다시 원위치로 돌아가는데, 이 때 예수님의 경우에는 채찍질을 당할 때 벗겨진 등가죽이 거친 나무 기둥에 쓸려 고통은 더욱 가중되었을 것입니다.

결국 이러한 고통스러운 시간들을 겪으면서 예수님은 서서히 죽어갔습니다. 선혈이 낭자한 채 인간이 죽을 수 있는 가장 처참한 모습으로 죽어갔습니다. 이러한 예수님의 죽음은 두말할 필요도 없이 피로 가득

---

21) 박은주, 『십자가의 진실』 (두란노, 2008), p. 75.
22) Ibid., p. 83.
23) Ibid., p. 88.

찬 죽음이었습니다. 그 이유는 예수님 자신이 친히 '피의 희생제물'이 되셔야 했기 때문입니다. 맥스웰 화이트는 예수님의 죽음의 모습을 이렇게 묘사합니다.

> "사람들은 거친 손길로 예수님의 머리에 가시관을 씌웠다. 4.5센티미터나 되는 수십 개의 가시가 예수님의 머리를 찔렀고, 깊은 상처에서 흐르는 피가 머리카락과 수염을 검붉게 물들이며 타고내렸다. 예수님의 양 손목에 못이 박혔고, 팔과 옆구리를 타고 피가 흘러내렸다. 그분의 두 발에도 못이 박혔고, 십자가 주변에는 온 세상의 죄 때문에 더 많은 피가 흘러내렸다. 나중에 군병이 창으로 주님의 옆구리를 찔렀고, 흘러나온 피는 십자가를 타고 내려가 바닥을 적셨다. ……예수님을 쳐다보는 사람들의 눈에는 온통 피밖에 보이지 않았다. 선혈이 낭자했다. 예수님의 머리카락과 수염은 피에 젖어 있었고, 그분의 등은 서른아홉 대의 채찍질로 찢겼으며 피로 물들었다. 십자가뿐 아니라 십자가 주변의 흙도 피로 물들었다. 사방이 온통 피, 피, 피였다!"[24]

여러분은 십자가에 매달려 처참하게 죽어가신 이 예수님을 바라보면서 무슨 생각이 떠오릅니까? 인간을 위해 처참한 모습으로 대신 죽어간 구약의 수많은 희생제물이 떠오릅니다. 갈가리 찢겨져서 피투성이의 모습으로 죽어가던 예수님의 모습은 인간의 죄를 위해 가죽이 벗겨

---

24) 맥스웰 화이트, 『보혈의 능력을 취하라』 (규장, 2009), p. 26.

지고 남김없이 피를 흘리고, 또 온몸이 각이 떠져 희생제단 위에 올려진 동물의 모습 그대로입니다. 이같이 십자가는 우리 죄의 심각성을 보여주며, 이에 대해 하나님은 얼마나 철저하게 공의의 심판을 하셨는지를 보여 줍니다. 그러므로 이 사실을 아는 사람은 예수님의 십자가 피를 소중히 여깁니다. 우리의 죄를 위해 희생하신 예수님의 보혈을 소중히 여기고 그의 피가 한 방울도 헛되지 않게 되기 위해 노력합니다.

C. J. 매허니가 쓴 『십자가의 사랑에 사로잡혀』라는 책에 이런 이야기가 나옵니다.

어느 날 그의 친구 목사가 한 '자해 환자'와 상담을 했습니다. 상담을 요청한 사람은 소녀의 어머니로 자신의 맏딸이 스스로 자해하여 한 해에 네 번이나 응급실에 실려갔다고 합니다. 목사가 만나보니 소녀의 팔에는 깊은 상처가 나 있었습니다.

목사는 소녀에게 자해하는 이유를 물었습니다. 아이러니컬하게도 소녀는 분노가 폭발할 때 자해를 하면 긴장이 해소된다고 하였습니다. 그 이유는 자해를 하면 피가 나고 그러면 상처를 치료받기 위해 거기에 집중함으로 잠시나마 다른 문제에서 벗어난다는 것입니다.

소녀의 팔에 난 깊은 상처를 들여다보던 목사는 소녀에게 이런 이야기를 해주었습니다. 실제로 피가 문제를 해결할 수 있는 것은 사실이지만, 그 피가 그녀의 피일 필요는 없다고 했습니다. 이미 그녀를 위해 피 흘린 사람이 있기 때문입니다.[25] 그렇게 목사는 그 소녀를 위해 피 흘려

---

25) C. J. 매허니, 『십자가의 사랑에 사로잡혀』 (요단, 2006), pp. 61-62.

죽으신 예수 그리스도를 소개했습니다.

인간의 죄와 고통의 문제를 해결하기 위해서는 피가 필요합니다. 피 흘리는 희생이 있어야 죄의 값이 치러지고 죄 문제가 해결됩니다. 그래서 구약에서 그 많은 동물이 희생의 피를 흘린 것입니다. 감사하게도 하나님은 그 피를 인간에게 직접 요구하지 않으셨습니다. 하나님은 당신의 아들을 통해 그 문제를 해결해 주셨습니다.

4. 예수님의 피의 능력

> "너희가 알거니와 너희 조상이 물려 준 헛된 행실에서 대속함을 받은 것은 은이나 금같이 없어질 것으로 된 것이 아니요 오직 흠 없고 점 없는 어린 양 같은 그리스도의 보배로운 피로 된 것이니라" 베드로전서 1:18-19.

예수님의 피가 어떤 피이기에 '흠이 없고 점이 없는 보배로운 피'가 됩니까? 그것은 '하나님 자신의 피'이기 때문입니다. 예수님은 인간의 몸으로 오신 하나님이십니다. 그러므로 예수님의 피는 하나님의 피이며, 무죄한 피입니다. 그 피는 이 세상 모든 죄인을 위한 완벽한 희생제물의 피입니다.

M. R. 디한은 『예수의 피』에서 예수 그리스도의 피는 우리의 죄 문제를 해결할 수 있는 완전한 피였음을 과학적으로 증명합니다. 예수님의 피에는 죄로 오염된 인간의 피가 한 방울도 없음을 강조합니다. 예수님

의 피는 무죄한 피이며 완전하고 거룩한 피입니다. 비록 예수님이 인간의 육신을 입고 태어났지만, 어머니 마리아의 피가 한 방울도 예수께 들어가지 않았음을 강조합니다.

성경이 기록될 당시에는 잘 알 수 없었지만, 의학적으로 산모의 자궁에서 자라는 태아는 엄마로부터 영양분은 공급받지만 모체母體로부터는 단 한 방울의 피도 공급받지 않습니다. 태아의 피는 모두 태아 자신에게서 생성된 것입니다. 잉태할 때부터 태아의 출생 때까지 단 한 방울의 피도 산모에게서 태아에게 전달되지 않습니다.[26]

이 부분을 좀더 분명하게 확인하기 위하여 M. R. 디한은 간호사들에게 잘 알려진 루이스 자브리스키Louise Zabriskie가 지은 『간호원을 위한 산과학』 제5판, 82쪽을 인용합니다.

> "태아는 태반을 통하여 산모의 피로부터 영양분과 산소를 공급받는다. 태아의 심장은 탯줄의 동맥을 통하여 태반 혈관으로 피를 내보낸다. 이 태반 혈관은 자궁조직의 안과 밖을 감싸고 있고 자궁 혈관과 매우 밀접하게 놓여 있어서 그 혈관 벽을 통하여 태아에서 산모에게로는 노폐물을, 산모에서 태아에게로는 영양분과 산소를 확산 작용으로 보낸다. 이미 말한 대로 이런 상호교환 작용은 삼투 현상에 의해 이루어지며 두 혈액 간의 직접적인 혼합은 일어나지 않는다. 다시 말해서 실제로 산모의 피는 태아에게로 흘러가지 않을 뿐만 아니라, 태아의 피가 산모에게

---

26) 엠 알 디한, 『예수의 피』 (두란노, 1986), p. 30.

로 흘러가지도 않는다."[27]

얼마나 놀라운 사실입니까? 태아는 엄마를 통해 영양분을 공급받고 또 자궁에 있는 엄마의 혈관 벽을 통해 노폐물을 배출하지만, 그 모든 과정은 삼투압 현상에 의해서만 이루어지고 혈액의 혼합은 전혀 일어나지 않습니다. 이 얼마나 놀랍고 오묘한 하나님의 섭리입니까? 상식적으로 생각해도 엄마의 혈액형과 아이의 혈액형이 다른 경우가 많은데 엄마의 피와 아이의 피가 섞인다면 당연히 문제가 발생할 수밖에 없습니다.

하나님은 이런 방식으로 예수님의 피를 인간의 피와 완전히 구별시키셨습니다. 비록 예수께서 이 땅에 태어나실 때 인간 어머니인 마리아의 자궁을 빌리셨지만, 육신의 아버지 없이 성령으로 잉태되어 마리아의 몸에서 피의 교환 없이 태어나셨습니다. 그래서 아담으로부터 내려오는 인간의 원죄와 타락된 인간이 가진 죄로 오염된 피를 물려받지 않고 완벽하게 죄 없는 몸으로 태어나 우리 죄를 위하여 그 귀한 보배 피를 내어 놓으신 것입니다.

예수님의 피는 얼마나 귀중합니까? 이 세상 역사 속에 수없이 많은 사람이 오고 갔지만 유일하게 단 한 사람, 완벽하게 죄 없으신 분의 피가 우리를 위해 십자가에서 흘려진 것입니다. 그러므로 그 피는 우리 모두를 능히 구원하고도 남을 만한 능력이 있습니다.

---

27) 엠 알 디한, 『예수의 피』 (두란노, 1986), pp. 31-32.

예수님의 피의 능력은 얼마나 큰지 모릅니다. 현재와 앞으로 예수님을 믿을 사람들만 구원하는 것이 아니라, 과거에 예수님의 십자가 희생제사를 상징하는 제사 의식을 통해 하나님께 나왔던 구약 시대 모든 성도들도 구원하는 능력이 있습니다.

사람들은 가끔 이런 질문을 합니다. '과거 구약의 이스라엘 백성은 어떻게 구원을 받았을까?' 예수 그리스도 외에는 절대로 구원의 길이 없다는데, 예수 그리스도가 태어나시기 전 구약 당시의 이스라엘 백성이 예수님을 믿고 구원받는다는 것은 불가능하지 않습니까? 그들은 구원받지 못한 것일까요? 그것도 상식적으로 말이 안 됩니다. 아브라함이나 모세나 다윗 등이 구원받지 못하여 지옥에서 고통받고 있다고는 생각할 수 없습니다. 대답은 그들도 역시 예수님의 피로 구원받았다는 것입니다. 그 근거를 성경을 통하여 살펴보겠습니다.

> "이 예수를 하나님이 그의 피로써 믿음으로 말미암는 화목제물로 세우셨으니 이는 하나님께서 길이 참으시는 중에 전에 지은 죄를 간과하심으로 자기의 의로우심을 나타내려 하심이니 곧 이 때에 자기의 의로우심을 나타내사 자기도 의로우시며 또한 예수 믿는 자를 의롭다 하려 하심이라" 로마서 3:25-26.

여기에서 '간과하심'을 주목할 필요가 있습니다. 하나님은 구약 시대 성도들의 죄악을 용서해 주신 것이 아닙니다. 그들의 죄를 '간과'해 주신 것입니다.

마틴 로이드 존스는 이렇게 설명합니다. "죄를 '간과하는 것'은 죄를 '용서하는 것'과는 별개이다. '간과'라는 말은 로마의 법률에서 사용되었던 단어로, 로마법에서 어떤 사람이 유언을 했는데, 그 유언에서 당연히 언급되어야 할 누군가를 그냥 지나쳐 버린 경우에 사용되었다."[28]

그러면서 로이드 존스는 이 '간과' 한다는 단어가 '넘어가다' pass over 는 의미로 해석될 수도 있다고 합니다. '넘어가다'는 구약의 유월절을 뜻합니다. 하나님이 구약의 백성을 구원하실 때, 그들의 죄를 없애 주심으로 구원을 베푸신 것이 아니라 그 죄를 잠시 덮어주고 넘어가 주신 것입니다.

하나님은 놀라운 섭리와 경륜 가운데 과거 구약 시대에 범한 죄들을 예수님의 십자가 사건이 일어날 때까지 눈감아 주셨습니다. 그들의 죄 때문에 동물들이 피를 흘릴 때, 하나님은 예수께서 십자가에서 흘리실 피의 예표로 보시고 이를 근거로 그들의 죄악을 눈감아 주신 것입니다. 그래서 그들이 구원받을 수 있었던 것입니다.

이것이 바로 구약 시대 사람들이 직접 예수님을 믿지 못했지만 구원받을 수 있었던 근거입니다. 그들은 죄 사함을 받았지만 그들이 당시 드렸던 동물의 제사 때문에 죄 용서를 받았던 것이 아닙니다. 그들이 그리스도를 소망하고 기다렸기 때문에 용서받은 것입니다. 로이드 존스는 이렇게 말합니다.

---

28) 마틴 로이드 존스, 『십자가는 하나님의 입증』 (나침반, 2010), pp. 21-22.

"그리스도를 본 것은 아니지만 그들은 그 교훈을 믿었으며 믿음으로 이 제물들을 드렸다. 믿음의 선조들은 하나님이 언젠가 그 어떤 희생물을 제공하신다는 말씀을 믿었으며, 그 믿음이 의지했다. 그들을 구원했던 것은 바로 그리스도께 대한 그들의 신앙이었다."[29]

하나님은 시간을 초월하는 분이십니다. 예수님의 보혈은 2,000년 전 주님이 십자가 위에서 못 박히셨을 때부터 유효했던 것이 아니라 시간을 초월하여 과거, 현재, 미래 모두에 적용되는 것을 알 수 있습니다.

그 이유는 예수 그리스도는 하나님의 아들이시기 때문입니다. 그분 자신이 하나님이시고 그분이 흘리신 보혈이 거룩한 하나님의 피이기에, 주님의 십자가 사건은 역사의 한 시점에서 일어난 사건이 아니라 전 우주를 뒤덮고 인간의 역사 전체를 꿰뚫는 사건이 될 수 있었던 것입니다. 그래서 존 파이퍼는 "하나님의 아들의 죽음은 뒤로는 구약 시대 하나님의 백성이 지은 모든 죄를 다 담당하고, 앞으로는 새 시대를 살아갈 하나님의 모든 백성의 죄를 담당한다."[30]라고 했습니다.

그렇습니다. 주님의 십자가는 이토록 큰 능력이 있습니다. 과거든, 현재든, 미래든 그분의 피를 의지하는 사람은 모두 구원할 능력이 있습니다. 기억하십시오. 주님은 십자가에서 양 팔을 활짝 펼치고 돌아가셨습니다. 주님의 손은 과거와 현재, 미래를 향하여 모두 뻗어 있습니다.

---

29) 마틴 로이드 존스, 『십자가는 하나님의 입증』(나침반, 2010), pp. 33-34.
30) 존 파이퍼, 『더 패션 오브 지저스 크라이스트』(규장, 2004), p. 80.

5. 오늘날 현대인의 문제

오늘날 십자가는 아름다운 모습으로 장식되어 있습니다. 아름다운 액세서리나 화려한 불빛으로 치장되어 있습니다. 그러나 십자가를 자세히 들여다보면 참 어두운 면이 있습니다. 십자가는 하나님이 인간의 죄를 얼마나 싫어하고 미워하시는지를 보여줍니다.

오늘날 현대인의 문제는 죄의 심각성을 인식하지 못하기 때문에 이 십자가가 주는 하나님의 공의의 메시지를 무시하고 살아간다는 것입니다. 죄는 단순히 다른 사람을 괴롭히고 힘들게 하는 그런 정도의 문제가 아닙니다.

죄의 깊은 곳에는 하나님과의 관계가 놓여 있습니다. 죄는 근본적으로 인간이 하나님을 거부하고 떠난 데서 시작됩니다.

그러므로 기독교에서 말하는 본질적인 죄 개념의 핵심은 '죄성罪性은 개별적인 죄의 결과가 아니라 인간 본성에 자리한 본질적인 결점'이라는 것입니다. 기독교적 죄 이해는 윤리적 개념을 넘어서 신학적 개념이 됩니다. 사실상 인간의 근본 문제는 '하나님과의 상처난 관계'로부터 비롯되기 때문입니다. 그렇기 때문에 인간의 모든 죄 문제의 중심에는 '하나님으로부터의 소외'라는 문제가 자리잡고 있습니다.[31]

죄의 근본 뿌리는 하나님께 대한 불순종과 거역의 마음이라는 사실을 로이드 존스는 지적했습니다. "죄란 하나님께 대한 반역행위입니다.

---

31) 알리스터 맥그라스, 『생명으로 인도하는 다리』 (서로사랑, 2001), pp. 252-253.

죄를 어떤 잘못된 행동을 저지른 것으로만 생각하지 마십시오."[32] "죄란 마음가짐의 문제입니다. 죄가 산출해 내는 것은 하나님께 대한 반역 행위입니다. 하나님께 불순종하는 것입니다. 하나님의 신성하신 속성을 짓밟는 것입니다."[33]

어떤 것이 더 심각한 죄입니까? 청소년이 아버지에게 거짓말을 하고, 신용 카드를 훔쳐 돈을 마구 쓴 것인가요? 아니면 "당신이 무슨 내 아버지야. 나는 당신을 아버지로 인정하지 않아."라고 말하는 것인가요? 당연히 아버지를 인정하지 않겠다고 하는 것이 더 심각한 죄입니다.

인간도 마찬가지입니다. 거짓말을 하거나 다른 사람에게 해를 끼치거나 살인, 강도짓을 저지르는 것도 물론 큰 죄입니다. 하지만 가장 큰 죄는 바로 하나님을 거부하고 인정하지 않는 것입니다. 왜냐하면 하나님의 피조물인 인간이 창조주이신 하나님을 거부하는 것만큼 큰 죄는 없기 때문입니다.

예수님은 인간이 지켜야 할 가장 큰 계명이 뭐라고 하셨습니까? "네 마음을 다하고 목숨을 다하고 뜻을 다하여 주 너의 하나님을 사랑하라" 마태복음 22:37. 이것이 인간이 지켜야 할 가장 크고 첫째 되는 계명이라고 하셨습니다. 그러므로 전심으로 하나님을 사랑하지 않는 사람은 인간이 지켜야 할 가장 큰 계명을 어겼으니 인간이 지을 수 있는 가장 큰 죄를 지은 것입니다.

---

32) 마틴 로이드 존스, 『마틴 로이드 존스의 십자가』 (두란노, 1987), p. 93.
33) Ibid., pp. 93-94.

존 스토트는 이렇게 말합니다. "모든 죄는 예수께서 '가장 크고 첫째 되는 계명'이라고 부르신 그것을 어기는 것인데, 이는 단지 우리의 전 존재로 하나님을 사랑하지 못한 것뿐만 아니라, 하나님을 창조주요 주님으로 인정하고 순종하는 일을 적극적으로 거부함으로써 그 계명을 범하는 것이다."[34]

그러므로 죄는 단순히 하나님의 계명을 한두 가지 범한 것이 아니라 하나님에 대한 적극적 반항의 태도임을 알아야 합니다. 여기에서 모든 죄가 파생됩니다. 마치 성경에 나오는 집나간 탕자와 같습니다. 탕자는 아버지의 집을 떠남으로써 짓지 않아도 될 많은 죄를 지었습니다. 마찬가지로 인간도 하나님의 품을 떠나 자기 마음대로 살고자 결심함으로써 수많은 죄를 짓는 존재로 전락하고 말았습니다. 하나님은 이 죄라는 문제를 결코 가볍게 보시지 않습니다. 죄는 인간의 모든 불행의 근원이기 때문입니다.

어윈 루처의 글에 다음과 같은 이야기가 나옵니다. 친구 한 분이 비행기에서 옆자리의 여성과 복음에 대해 이야기를 나누었습니다. 그 여성은 자신이 천국에 들어갈 만큼 충분히 선하다고 생각한다고 했습니다. 그래서 그녀의 선행이 천국 가기에 충분하지 않다면 어떻게 할 것이냐고 묻자 이렇게 대꾸했다고 합니다. "전 하나님께 좀 적당히 하시죠?라고 말할 거예요."[35]

---

34) 존 스토트, 『그리스도의 십자가』 (IVP, 1988), p. 112.
35) 어윈 루처, 『십자가를 바라보다』 (디모데, 2007), p. 65.

이 여성에 대하여 이야기하면서 루처는 말합니다. "갈보리라는 해골 언덕은 하나님은 '적당히 하실 수' 없는 분이심을 상기시켜 준다."[36] 그렇습니다. 예수 그리스도의 십자가는 우리에게 죄의 값이 얼마나 처절한지를 보여줍니다. 동시에 하나님이 죄를 다루실 때는 얼마나 철저하게 다루시는지를 극명하게 보여줍니다.

하나님은 지극히 거룩하신 분이기 때문에 그렇게 하실 수밖에 없습니다. 하나님의 본성은 불의와 불법을 결코 적당히 넘어가 줄 수 없습니다. 하나님께 그렇게 적당히 하기를 요구한다면 그것은 하나님 되기를 포기하라는 말과 같습니다.

그러므로 이 부분은 '하나님 자신의 일관성' self-consistency의 관점에서 이해할 수 있습니다. 즉 하나님이 "죄인을 심판하셔야만 하는 것은 그가 자신에게 진실되기 위함"[37]인 것입니다. 다시 말해서 하나님은 인간이 준수해야 할 모든 율법을 만드신 분이기에, 그 율법을 깨뜨리고 범죄하는 인간을 적당히 넘어가 주면 하나님의 도덕성에 치명적인 상처를 입게 됩니다.

그래서 하나님은 죄를 혹독하게 다루십니다. 조금의 양보나 망설임 없이 분명하게 다루십니다. 인간의 죄 값을 확실히 받아내십니다. 이것이 하나님의 심판이고, 성경이 말하는 지옥입니다. 그러므로 우리는 죄의 문제가 얼마나 심각하며, 거기에서 구원받는다는 것이 얼마나 중요

---

36) 어윈 루처, 『십자가를 바라보다』 (디모데, 2007), p. 65.
37) 존 스토트, 『그리스도의 십자가』 (IVP, 1988), p. 157.

한 문제인가를 분명하게 알아야 합니다.

결국 우리가 구원받는다는 것은 죄에 대한 하나님의 진노에서 구원받는 것입니다. R. C. 스프룰은 이렇게 말합니다. "무엇으로부터 구원받는가? 신장결석, 허리케인, 전쟁으로부터가 아니라, 하나님의 진노로부터 구원받는다. 인간은 하나님의 진노로부터 구원받아야 한다. 회개하지 않는 불신자들은 죽은 뒤에 하나님을 만나야 한다. 하나님은 우리를 구원하는 분이실 뿐 아니라, 우리를 심판하시는 분이시기도 하다. 따라서 하나님의 진노에서 구원받는 것이 필요하다."[38]

그렇습니다. 인간의 죄 문제가 얼마나 심각한지 알고, 이에 대한 하나님의 진노가 얼마나 무서운지 아는 사람은 예수 그리스도의 십자가를 붙잡을 수밖에 없습니다.

---

38) R. C. 스프룰, 『구원의 의미』 (생명의말씀사, 2003), p. 29.

"십자가는 과거에 일어났던
그 어떤 잔악한 행위나, 전쟁이나, 참상보다
죄의 심각성을 더욱 밝히 드러낸다."
- 헨리 블랙커비 -

대속의 원리

십자가에는 하나님의 공의와 우리를 위한 대속의 원리가 나타나 있습니다. 언젠가 『가이드포스트Guideposts』 지에서 여기에 관한 아름다운 예화를 읽은 적이 있습니다.

글을 쓴 분은 나이 든 분인데 언젠가 소년 시절에 있었던 사건을 회상하는 형태로 글을 썼습니다. 그는 미국의 대공황 때에 어린 시절을 힘들게 보냈던 분입니다. 많은 사람이 밥을 굶었고 정말 열심히 일하지 않으면 살아갈 수 없는 상황이었습니다. 그 때 그분은 철 없던 개구쟁이 소년이었습니다. 그에게는 아주 인자하신 할아버지가 계셨는데 할아버지는 소년을 무척 사랑하고 아껴 주셨습니다.

어느 날 할아버지가 소년에게 일을 시켰습니다. 낫을 하나 주면서 밭에 나가 곡식을 베라고 하셨습니다. 밭에는 일거리가 밀려 있었고, 일손이 모자라 비록 어린 소년의 손까지도 필요했습니다. 소년이 일해야 할 구역을 가르쳐 주시면서 반드시 오전 중에 그 일을 마쳐야 한다고 하셨습니다.

소년은 잠시 일을 하다가 그만 졸음이 와서 낫을 던져 놓고 쿨쿨 잠을 잤습니다. 잠시 후, 이상한 느낌에 눈을 떠보니 저쪽에서 할아버지가 급히 달려오시고 있었습니다. 평소에는 한없이 부드럽고 인자한 할아버지였으나, 소년이 일하지 않고 게으름 피우는 것에 화가 많이 나셨는지 무서운 얼굴로 다가오고 있었습니다. 그리고 할아버지 손에는 채찍이 들려 있었습니다.

순간적으로 소년은 이제 죽었구나 하는 생각이 들었습니다. 할아버지의 채찍에 맞으면 몸이 성치 못할 것을 알았기 때문입니다. 그래서 잔뜩 긴장하며 떨고 있었습니다. 할아버지는 소년에게 다가오시더니 맡겨 놓은 일을 다 했느냐고 물었습니다. 소년이 고개를 떨어뜨리며 하지 못했다고 하자 갑자기 할아버지는 소년이 던져 놓은 낫을 드셨습니다. 그리고 그 낫을 구석에 던져 놓고 사정없이 채찍질하시면서 이렇게 말했습니다. "이 나쁜 낫 같으니라고, 우리 손자가 열심히 일 하려고 하는데 어디서 게으름을 피우고 있어."

그렇게 말씀하시며 한참 동안 낫을 내리쳤습니다. 그런 뒤 미소를 지으시며 소년에게 낫을 돌려주면서 말씀하셨습니다. "이제 한번 사용해

봐라. 아마 말을 잘 들을 게다." 소년은 웃으면서 말했습니다. "네, 할아버지. 정말 말을 잘 들을 거예요."

이 후로 소년은 열심히 일을 했습니다. 소년은 나중에 자신의 어린 시절을 회상하는 글을 쓰면서, 어른이 되고 나서야 그것이 바로 십자가의 대속의 원리였음을 깨달았다고 고백했습니다.

그렇습니다. 우리는 십자가에 드러난 하나님의 마음을 읽을 수 있어야 합니다. 하나님은 공의로우신 분이십니다. 그러므로 우리의 죄를 대충 넘어가실 수 없습니다. 그러나 하나님의 공의대로 심판하시면 아무도 살아남을 수 없음을 또한 아셨습니다.

그래서 심판의 자리에 당신의 아들을 직접 세우셨습니다. 그리고 하나님의 모든 진노를 그에게 쏟아부으셨습니다. 그래서 우리는 살아날 길이 열린 것입니다.

"죄는 모두 심각합니다.

 죄는 하나님께 짓는 것이기 때문입니다."

 _ 존 파이퍼

3 매달려서 본 십자가

예루살렘 밖 푸른 언덕에 십자가가 세워지기 전부터,
하나님의 마음속엔 십자가가 있었다.

_ 찰스 딘스모어 Charles Dinsmore

다시 보는 십자가

십자가에 드러난 하나님의 사랑

십자가에 드러난 예수님의 사랑

십자가를 통한 하나님 이해

3
+

매달려서 본 십자가
_ 하나님의 사랑

"하나님이 세상을 이처럼 사랑하사 독생자를 주셨으니 이는 그를 믿는 자마다 멸망하지 않고 영생을 얻게 하려 하심이라."
_ 요한복음 3:16

'매달려서 본 십자가', 이 십자가는 예수 그리스도의 관점에서 십자가를 살펴보는 것입니다. 왜 예수님이 기꺼이 십자가를 지셨는지 그리고 이 십자가를 통해 하나님의 사랑이 어떻게 드러났는지를 살펴볼 것입니다.

기억하십시오. 예수님은 능력이 없어서 십자가에서 내려오지 않으신 것이 아닙니다. 저와 여러분을 위한 사랑 때문에 십자가에서 내려오지 않으신 것입니다.

1. 십자가에 드러난 하나님의 사랑

십자가에는 하나님의 공의와 동시에 하나님의 깊은 사랑이 나타나 있습니다. 예수 그리스도의 십자가에는 우리를 향한 하나님의 사랑의 깊이가 잘 나타나 있습니다.

존 파이퍼는 『더 패션 오브 지저스 크라이스트』에서 "누가 예수를 십자가에 못 박아 죽였는가?"라는 질문에, 궁극적으로 "하나님이 하셨다."라는 당혹스런 답변밖에 할 수 없다고 했습니다.[1] 그러면서 이사야서 말씀을 인용합니다. "여호와께서 그에게 상함을 받게 하시기를 원하사 질고를 당하게 하셨은즉"이사야 53:10.

하나님은 자신의 아들인 예수 그리스도가 고난과 고통을 당하도록 허락하셨습니다. 우리가 잘 아는 요한복음 3:16은 "하나님이 세상을 이처럼 사랑하사 독생자를 주셨으니 이는 그를 믿는 자마다 멸망하지 않고 영생을 얻게 하려 하심이라"고 말합니다. 이는 십자가가 하나님의 작품임을 말하고자 하시는 것입니다.

그러므로 예수 그리스도의 십자가 사건을, "하나님이 죄인들을 벌하시려고 잔뜩 벼르고 계신데 그리스도께서 그 계획을 저지하신 것이다."[2]라는 식으로 이해해서는 안 됩니다.

오히려 성경은 "하나님께서 자기 아들을 아끼지 아니하시고 내어

---

1) 존 파이퍼, 『더 패션 오브 지저스 크라이스트』 (규장, 2004), p. 5.
2) Ibid., p. 26.

주셨다"라고 말합니다 로마서 8:32.

하나님은 영원불변하시고 그 본성에서부터 사랑이십니다. 그러므로 하나님이 그전에는 인간에 대하여 분노하고 미워하시다가 마침내 십자가를 통해 인간을 새롭게 다시 사랑하실 수 있게 된 것이 아닙니다. 오히려 하나님은 원래부터 인간을 사랑하셨고, 그 때문에 십자가 사건을 계획하고 허락하신 것입니다. 십자가 사건은 인간에 대한 하나님의 사랑을 막는 최종 장벽을 제거하는 역할을 한 것뿐이라고 말할 수 있습니다.

데렉 티드볼은 말합니다. "십자가는 우리에 대한 하나님의 태도를 적대감에서 사랑으로 바꾼 것이 아니다. 그분은 언제나 그분의 피조물에 대해서는 사랑의 태도를, 죄에 대해서는 미움의 태도를 취하신다. 지금도 여전히 그렇다. 일단 우리의 죄가 제거되면, 그분의 억제할 수 없는 사랑을 막는 장애물이 제거되는 것이다."[3]

하나님의 사랑은 언제나 우리 가운데 있었습니다. 이것은 하나님이 인간을 위해 이 세상을 이토록 아름답고 완벽하게 만들어 주신 것을 보아도 알 수 있습니다. 하나님은 인간을 창조하고 나서도 인간을 불러 복을 주셨습니다 창세기 1:28.

그러므로 인간에 대한 하나님의 기본적인 관점은 사랑이요 축복임을 알 수 있습니다. 다만 인간이 지은 죄로 인하여 인간에 대한 하나님의 사랑이 잠시 억제된 것일 뿐입니다.

---

3) 데렉 티드볼, 『십자가』 (IVP, 2003), p. 321.

그래서 하나님은 인간의 죄 문제를 해결하고 인간을 다시금 하나님의 사랑의 품으로 불러들이기 위해 십자가를 계획하고 실행에 옮기셨던 것입니다. 다음 말씀을 보십시오.

> "그가 하나님께서 정하신 뜻과 미리 아신 대로 내준 바 되었거늘 너희가 법 없는 자들의 손을 빌려 못 박아 죽였으나 하나님께서 그를 사망의 고통에서 풀어 살리셨으니 이는 그가 사망에 매여 있을 수 없었음이라" 사도행전 2:23-24.

베드로가 말하고자 하는 것이 무엇입니까? 예수 그리스도가 불법한 자들에게 붙잡혀 십자가에 못 박혀 죽은 사건이, 하나님이 미리 정하신 뜻과 미리 아신 대로 성취된 사건이라고 말하고 있습니다. 즉 하나님이 미리 정하시고 계획하신 뜻에 따라 이러한 십자가 사건이 일어났다는 것입니다.[4]

예수 그리스도의 "십자가 사건은 결코 우연히 일어난 사건이 아닙니다. 또한 갑작스럽게 일어난 일도 아닙니다. 전능하신 절대주권자 하나님의 치밀하고 신묘막측한 계획을 따라 일어난 사건입니다. 하나님이 예정하고 계획하며, 약속하고 예언하신 대로 일어난 사건입니다."[5]

그렇다면 하나님은 왜 이렇게까지 인간을 사랑하시는 것일까요? 그

---

4) 정성욱, 『한눈에 보는 십자가 신학과 영성』 (부흥과개혁사, 2005), p. 14.
5) Ibid., p. 32.

것도 하나님께 순종하고 따르는 인간이 아니라 철저히 하나님께 반역하고 하나님이 싫어하시는 일만 골라서 하는 악한 죄인인 인간을 말입니다. 그 이유는 요한일서에 잘 나타나 있습니다.

> "하나님이 우리를 사랑하시는 사랑을 우리가 알고 믿었노니 하나님은 사랑이시라 사랑 안에 거하는 자는 하나님 안에 거하고 하나님도 그의 안에 거하시느니라" 요한일서 4:16.

한마디로 '하나님은 사랑'이시기에 본질상 인간을 사랑하지 않을 수 없다는 것입니다. 이 얼마나 감사하고 위로가 되는 말씀입니까? 이 우주를 다스리고 인간의 생사화복을 주관하시는 하나님이 만의 하나 '악한 분'이었다면 우리는 어떻게 될 뻔했습니까? 우리 인간을 괴롭히고 골탕 먹이는 것이 취미인 그런 악한 존재가 전능하신 하나님이었다면 어떤 결과가 나타났을지 정말 상상만 해도 끔찍합니다.

우리가 믿는 하나님이 사랑이심은 우리에게 얼마나 큰 위로가 되는지 모릅니다. 어떤 사람은 성경이 그렇게 말하고는 있지만 정말로 하나님이 사랑이신지를 어떻게 아느냐고 합니다.

그러나 그 말씀이 사실인지 알 수 있는 방법이 바로 십자가 사건입니다. 하나님은 십자가 위에서 인간을 위해 하나밖에 없는 아들을 내어 놓으셨습니다. 이 사실 하나만 보더라도, 우리는 하나님이 성경이 말씀하는 대로 사랑이신 것을 알 수 있습니다.

한인 목회자 가운데 미국 워싱턴 펠로십교회를 담임하는 김원기 목사가 있습니다. 불교 집안에서 자란 이분은 미국까지 유학을 갔지만, 인생의 의미와 목적을 발견하지 못하여 거의 히피와 같은 삶을 살았던 분입니다. 동생의 권유로 부흥회에 참석했다가 강사 목사의 예화 한마디에 완전히 깨어지는 경험을 하게 됩니다. 김원기 목사를 변화시킨 예화는 이렇습니다.

"……어떤 농장에 병든 병아리가 있다고 하자. 그런데 그 병아리를 고치기 위해 온 수의사가 주인에게 병아리를 살리려면 암탉을 푹 고아 먹여야 한다고 했다면, 그 병아리를 살리기 위해 암탉을 죽일 어리석은 주인이 어디 있겠는가? 더 나아가 만약 수의사가 병아리를 살리기 위해 주인의 아들을 잡아 죽이라고 한다면 그렇게 할 주인이 어디 있겠는가?"

그런데 하나님은 그렇게 하셨다는 것입니다. 병아리보다 못한, 벌레 같은 나를 살리기 위해서 당신의 아들을 내 놓으셨다는 것입니다. 이것을 깨닫고 김원기 목사는 완전히 깨어졌습니다.

하나님은 삼위일체의 하나님이십니다. 그러므로 하나님이 당신의 아들을 주셨다는 것은 곧 자신을 주신 것과 마찬가지입니다. 하나님은 우리 인간을 지극히 사랑하셔서 하나님 자신을 죽음의 자리에 내어 놓으신 것입니다.

그래서 찰스 웨슬리는 일찍이 이렇게 노래했습니다. "놀라워라. 그 사랑! 나의 하나님, 어찌 나를 위하여 죽으셨나요?"[6]

　결국 하나님이 예수 그리스도를 십자가에 내어 놓으신 것은 당신의 아들을 내어 놓으신 것이며, 하나님 자신을 내어 주신 것입니다.

　이탈리아의 어느 교회에 가면 예수님의 십자가의 고난에 관한 성화가 있는데 그리스도의 초상화 이면에 커다란 그림자가 함께 있다고 합니다. 그 그림을 자세히 들여다보면 예수님의 손을 꿰뚫은 못은 하나님의 손을 관통하고 있고, 예수님의 옆구리를 찌른 창은 하나님의 옆구리를 관통하고 있다고 합니다.[7] 이 그림이 의미하는 바는 무엇입니까? 그것은 예수님의 십자가의 죽음은 바로 하나님 자신의 죽음과 같다는 것입니다.

　십자가에는 하나님의 공의와 사랑이 함께 드러납니다. 하나님은 인간의 죄를 대충 넘기실 수 없으십니다. 그것은 하나님의 공의에 어긋나기 때문입니다. 그래서 하나님은 인간의 죄를 준엄하게 심판하십니다. 이를 통해 하나님이 얼마나 죄를 싫어하시는지, 얼마나 거룩하신지를 증명하십니다.

　그러나 놀랍게도, 하나님은 그 심판의 자리에 인간을 세운 것이 아니라 하나님 자신이 직접 그 심판을 당하셨습니다. 이것이 바로 하나님의 사랑입니다.

---

6) Charles Wesley(1707-88), *And Can It Be that I Should Gain?*
7) 어윈 루처, 『십자가를 바라보다』 (디모데, 2007), p. 138.

2. 십자가에 드러난 예수님의 사랑

극작가 도로시 L. 세이어Dorothy Sayer는 "예수님은 죽기 위해 태어났다."고 했습니다. 그렇습니다. 모든 사람은 살기 위해 태어나는데 예수님은 죽기 위해 태어나셨습니다. 예수님은 우리 죄를 위해 자신을 십자가에서 대속물로 내어 놓기 위해 이 땅에 오셨습니다.

아주 어린 시절부터, 예수님은 자신이 인간을 위해 언젠가 십자가를 져야 한다고 깊이 인식하셨을 것입니다. 이 사실을 늘 기억하고 사셨던 예수님의 마음은 어떠셨을까요?

필자는 미국 유학 시절에 감동적인 그림을 본 적이 있습니다. 2-3살쯤 되어 보이는 어린 예수가 육신의 아버지 요셉의 목공소에서 혼자 놀고 있는 그림이었습니다. 요셉은 망치질에 몰두하고 있고, 어린 예수는 옆에 쪼그리고 앉아서, 길고 뾰족한 못을 갖고 놀고 있습니다. 그 어린 예수의 등 뒤로, 지나가는 햇빛이 십자가 형상의 그림자를 만들고 있었습니다.

미국의 한 기독교 서점에서 잠깐 본 그림이지만 오랫동안 잔상이 남았습니다. 그렇습니다. 십자가의 죽음의 그림자는 아주 어렸을 때부터 예수님을 따라다녔을 것입니다. 인류의 모든 죄를 지고 죽어야 할 운명임을 아는 예수 그리스도는 얼마나 고뇌에 찬 삶을 살았을까요? 요셉의 목공소에서 못과 나무로 망치질을 할 때마다 자신의 십자가를 생각했을 것입니다.

그러나 주님은 기꺼이 그 십자가를 지셨습니다. 바로 저와 여러분을 위한 사랑 때문입니다. 여기에 대한 전설적인 랍비 던컨Rabbi Duncan의 이야기는 유명합니다. 강의를 하던 중, 그는 이렇게 물었습니다. "여러분, 갈보리가 무엇이었는지 아십니까? 무엇일까? 무엇일까? 무엇일까?" 그런 다음, 눈물을 흘리며 그는 이렇게 말했습니다. "그것은 저주였습니다. 그분께서는 그것을 사랑으로 받아들이셨습니다."[8]

우리는 하나님의 사랑에 대하여 이야기합니다. 하지만 그것을 십자가와 연결하여 설명하지 않으면 그 하나님의 사랑은 한낱 감상적인 사랑으로 그칠 수 있습니다. 오늘날 사랑에 대한 이야기가 얼마나 많습니까? 남녀 간의 사랑, 친구 간의 사랑, 부모와 자식 간의 사랑. 그러나 이 십자가의 사랑은 이 세상의 그 어떤 사랑과도 차원을 달리하는 그런 사랑입니다.

어떤 사람은 예수님은 하나님이시니까 십자가를 질 때 고통이 없었을 것이라고 합니다. 그러나 그렇지 않습니다. 예수님은 완전한 하나님이시면서 동시에 완전한 인간이셨습니다. 그러므로 예수님은 십자가에 못 박히실 때 인간이 느끼는 고통을 그대로 다 느끼셨습니다. 그러나 이 육체적인 고통만이 예수님이 감당해야 했던 고통의 전부가 아닙니다. 예수님은 그러한 고통을 넘어서는 엄청난 정신적, 영적 고통을 감당해야 했습니다.

존 스토트는 십자가에 관한 그의 기념비적 작품, 『그리스도의 십자가』에서 예수께서 십자가의 죽음을 맞이하시기 전, 제자들에게 "매우

---

8) 제임스 패커, 마커 데버 『십자가를 아는 지식』 (살림, 2010), p. 120.

고민하여 죽게 되었으니"마태복음 26:38라고 말씀하신 사실을 상기시키며 다음과 같은 의미심장한 질문을 던집니다.

"예수님은 자신에게 다가온 고뇌의 쓴잔을 피하기 위해 왜 그렇게 간절히 기도하셨는가? 그의 죽음과 소크라테스의 죽음을 비교해 보면 의문이 생긴다. 소크라테스는 자신에게 주어진 독약이 든 잔을 안색 하나 변하지 않고 태연히 받아 마셨다. 그런데 예수는 왜 자신에게 다가오는 고난의 잔을 그토록 두려워했는가? 그렇다면 소크라테스가 예수보다 더 용감했던가? 아니면 그들의 잔은 서로 다른 독으로 채워진 것인가?"[9]

교회사를 보면 예수 그리스도를 따르던 순교자들도 순교 현장에서 태연하게 죽었는데, 왜 예수님은 모세 혈관이 터져서 땀방울에 핏방울이 섞여 나올 정도로 그렇게 극심한 스트레스를 받으면서 십자가를 맞이해야만 했을까요? 우리는 예수님이 그토록 피하고 싶어하셨던 그 '고난의 잔'이 무엇이었는지 정확하게 이해할 필요가 있습니다.

존 스토트는 성경에 나오는 구약의 용례를 통해서 '여호와의 잔'은 주로 하나님의 진노를 가리키는 일반적인 상징임을 강조합니다. 욥기에 보면 악인은 "전능자의 진노를 마시게 할 것이니라"욥기 21:20는 말이 나오고, 요한계시록에도 "하나님의 진노의 포도주를 마시리니"요한계시록 14:10라는 표현이 나옵니다. 이로 보건대 결국 예수님이 감당해야

---

9) 존 스토트, 『그리스도의 십자가』(IVP, 1988), pp. 92-93.

할 '고난의 잔'에는 단순한 육체적 고통뿐 아니라 온 세상의 죄를 짊어지고 그 죄 위에 떨어지는 하나님의 진노의 심판까지 견뎌야 한다는 영적인 고통이 포함됨을 알 수 있습니다.[10]

이에 대해 제임스 패커는 말합니다. "겟세마네 동산에서 예수께서 그토록 두려워하셨던 까닭은, 그분께서 죄가 되시고 죄에 대한 하나님의 심판을 담당하셔야 했기 때문이었다. 십자가 위에서 예수께서 자신이 하나님께 버려졌다고 선언하신 것도 그분께서 그 심판을 실제로 받으셨기 때문이었다."[11]

그리스도는 우리를 위해 죄인이 되신 정도가 아니라 '죄' 덩어리 자체가 되셨습니다. 성경은 그것을 이렇게 표현합니다. "하나님이 죄를 알지도 못하신 이를 우리를 대신하여 죄로 삼으신 것은 우리로 하여금 그 안에서 하나님의 의가 되게 하려 하심이라" 고린도후서 5:21. 이것은 마치 죄가 화신化身이 되었거나 주께 합해진 것으로 묘사된 것이라고 사무엘 채드윅은 설명했습니다.[12]

예수님은 십자가에 달리는 순간, 인류가 지을 수 있는 모든 죄를 한 몸에 다 짊어지셨습니다. 그러한 주님을 향하여 하나님의 진노가 임했고, 그 순간 하나님은 예수님에게서 고개를 돌리셨습니다. 거룩하신 하나님이 죄 덩어리가 된 예수 그리스도를 차마 보실 수 없으셨기 때문입니다. 그리고 이것이 예수께는 이루 말할 수 없는 고통이었을 것입니

---

10) 존 스토트, 『그리스도의 십자가』 (IVP, 1988), p. 95.
11) 제임스 패커, 마커 데버, 『십자가를 아는 지식』 (살림, 2010), p. 56.
12) 사무엘 채드윅, 『십자가의 능력』 (바울, 2006), p. 25.

다. 예수님은 창세 전부터 성부 하나님과 삼위일체로 온전히 하나인 관계이셨는데, 그러한 하나님이 얼굴을 돌리시는 것은 차마 견딜 수 없는 고통이었을 것입니다.

예수님은 십자가 위에서 고통에 차 절규하셨습니다.

> "제구 시쯤에 예수께서 크게 소리 질러 이르시되 엘리 엘리 라마 사박다니 하시니 이는 곧 나의 하나님, 나의 하나님, 어찌하여 나를 버리셨나이까 하는 뜻이라" 마태복음 27:46.

하나님이 예수님을 버리셨습니다. 영원의 시간 속에서 지속되어 오던 하나님과의 친밀감이 깨어졌습니다. 이로 인한 예수님의 고통은 이루 말할 수 없으셨습니다. 그러나 주님은 이 모든 것을 참으면서 십자가를 감당하셨습니다. 바로 저와 여러분을 위해서입니다. 이 얼마나 놀라운 사랑입니까?

예수 그리스도가 십자가 위에 달리셨을 때, 못 때문에 십자가 위에서 내려오지 못하신 것이 아닙니다. 그분은 하나님이십니다. 그분은 마음만 먹으면 십자가 위에서 얼마든지 내려오실 수 있으실 뿐 아니라 하늘의 천군 천사들을 불러 자신을 십자가에 못 박는 무리들을 해치우실 능력이 있으신 분이십니다.

그분은 "네가 만일 하나님의 아들이어든 자기를 구원하고 십자가에서 내려오라" 마태복음 27:40고 외치는 군중의 조롱에도 끝까지 십자가 위에서 내려오지 않으셨습니다. 그 길만이 우리의 죄를 해결하고, 우리를 구원할 유일한 길임을 아셨기 때문입니다. 그러므로 예수님을 십자가에 매달은 것은 쇠못이 아니라 저와 여러분을 향한 그분의 사랑이었다는 사실을 우리는 알아야 합니다.

십자가에 대해서 위대한 교부 어거스틴은 이렇게 말합니다. "예수님은 이 세상에 구원받을 사람이 나 하나밖에 없었더라도 나를 위해 십자가를 지러 오셨을 것이다." 십자가는 모든 인류를 위한 것임과 동시에 우리 한 사람 한 사람을 위한 것입니다. 하나님은 그토록 여러분을 사랑하십니다. 이 세상에 사랑할 대상이 단 한 사람밖에 없는 것같이 여러분을 그렇게 사랑하십니다.

기억하십시오. 예수님은 실수로 로마 군병들에게 붙잡힌 것이 아닙니다. 능력이 모자라서 십자가에 못 박히신 것도 아닙니다. 운이 나빠서 십자가의 죽음을 당하신 것도 아닙니다. 예수님은 우리를 위해 스스로 십자가를 지신 것입니다. 예수님이 로마 군병들에게 잡히실 때, 베드로가 칼을 빼어 들자 예수께서 그를 저지시키며 이렇게 말씀하셨습니다. "너는 내가 내 아버지께 구하여 지금 열두 군단 더 되는 천사를 보내시게 할 수 없는 줄로 아느냐 내가 만일 그렇게 하면 이런 일이 있으리라 한 성경이 어떻게 이루어지겠느냐" 마태복음 26:53-54.

예수님은 천사의 군대를 불러 능히 자신을 방어하실 수도 있으셨지만, 성경의 예언이 실현되도록 자신을 십자가 죽음의 자리에 내어 놓으셨습니다. 저와 여러분을 구원하기 위해서입니다. 이것이 십자가를 통해 드러난 예수 그리스도의 사랑입니다.

맥스 루케이도의 『예수가 선택한 십자가』는 예수님의 사랑을 감동적으로 묘사한 책입니다. 예수께서 어쩔 수 없이 십자가에 달리신 것이 아니라, 스스로 십자가를 택하신 것이 감동적으로 묘사되어 있습니다.

"군병들이 예수님을 쓰러뜨린 후, 양팔을 벌려 형틀에 대고 대못을 박으려고 합니다. 이 때, 주님은 그들을 제지할 수 없으셨을까요? 불가능한 일은 아니었습니다. 주님의 손은 바다를 잠잠케 하던 손이었고 죽은 자를 살리시던 손이었습니다. 그러나 주님은 저항하지 않으셨습니다. 그 이유가 무엇일까요? 그 순간 주님은 뭔가를 보셨기 때문입니다. 그분의 손과 나무 십자가 사이에 목록이 있었습니다. 긴 목록이었습니다. 우리의 실수와 정욕, 거짓말, 탐욕의 순간들과 방탕의 세월 같은 기나긴 죄의 목록이었습니다. 주님은 이 죄의 값이 사망임을 아셨습니다. 그래서 주님은 주먹을 움켜쥐지 않으셨습니다. 주님은 우리의 죄를 그분의 피로 덮기 원하셨습니다. 그래서 그분은 못을 택하셨습니다."[13]

기억하십시오. 예수님이 스스로 십자가를 택하셨습니다. 예수님이 스스로 죽음의 길로 걸어 가셨습니다. 예수님이 스스로 우리를 위해 그 모든 고난과 고통을 감당하셨습니다. 이유는 단 하나, 그분의 죽음으로 우리를 살리기 위해서입니다. 그분이 하나님 앞에서 거절당하심으로 우리가 하나님 앞에 용납되게 하기 위함이었습니다. 우리는 이 놀라운 사랑을 단 한순간도 잊어서는 안 될 것입니다.

---

13) 맥스 루케이도 『예수가 선택한 십자가』 (두란노, 2001), p. 61.

3. 십자가를 통한 하나님 이해

우리는 하나님을 알아야 합니다. 성경은 힘써 하나님을 알아야 한다고 합니다 호세아 6:3. 하나님을 아는 지식은 대단히 중요합니다.

그런데 어떻게 하나님을 알 수 있을까요? 다른 무엇보다 십자가를 통해 하나님을 알아야 합니다. 그래야 하나님을 바로 알 수 있습니다.

알리스터 맥그래스는 우리가 소유하는 지식은 그 지식을 획득하는 방법에 의해 상당히 제한된다고 말합니다. 가령 우리 머리 위에 있는 달에 관해 얻을 수 있는 지식은 망원경으로 달을 관찰하여 얻는 지식과 직접 달에 가서 샘플을 가져와서 얻게 되는 지식과는 엄청난 차이가 있습니다.[14] 즉 어떤 방법으로 달에 관한 지식을 얻느냐에 따라서 달에 관한 지식에 큰 차이가 날 수 있습니다.

하나님에 관해서도 마찬가지입니다. 하나님에 관한 지식을 자연만물을 통해 얻을 수 있습니다. 자연의 경이를 보면서 절대자의 존재에 대해 어느 정도 알 수 있습니다. 이것을 일반계시라고 합니다. 그러나 이것은 부분적이고 단편적인 지식밖에 되지 못합니다.

하나님에 관해서 좀더 알고 싶은 사람은 하나님이 쓰신 성경을 읽게 됩니다. 그러면 하나님에 관하여 좀더 분명한 지식을 가질 수 있습니다. 이것을 특별계시라고 합니다.

성경은 하나님이 인간에게 주신 특별계시로 하나님의 속성과 성품에

---

14) 알리스터 맥그래스, 『십자가로 돌아가라』 (생명의말씀사, 2007), pp. 48-54.

대한 지식을 제공하며, 그분을 인격적인 분으로 소개합니다. 그렇지만 예수 그리스도를 통해서 더 친밀하고 더 깊이 있게 하나님을 알 수 있습니다.

예수 그리스도는 하나님의 특별계시의 절정이기 때문에 하나님에 대한 더 완전한 지식을 가질 수 있습니다. 예수님은 인간의 몸으로 오신 하나님이십니다.

그럼에도 불구하고 예수님을 통하여 하나님을 아는 지식에 오해가 있을 수 있습니다. 사람들은 예수님에 대하여 마음대로 판단하는 경향이 있습니다. 그러므로 예수님을 통해 하나님을 바로 알기 위해서는 예수님의 십자가에 초점을 맞춰야 합니다. 예수님의 십자가야말로 예수 그리스도를 보내신 하나님이 어떤 분이신가를 가장 분명하고 명확하게 보여주기 때문입니다.

십자가에 의하면, 하나님은 예수 그리스도를 이 땅에 보내어 우리를 위해 죽게 하실 만큼 우리를 사랑하시는 분입니다. 그러므로 우리는 다른 어떤 수단을 통해서가 아니라 십자가를 통해서 하나님의 사랑을 온전히 배울 수 있습니다. 알리스터 맥그래스는 우리가 '하나님은 사랑이시다.' 라고 주장할 때 그 사랑이 어떤 사랑인지 반드시 알아야 하는데 이는 그리스도의 십자가를 통해서 전달된다고 합니다.[15]

예수 그리스도의 십자가가 없다면 우리는 하나님이 우리를 얼마나 사랑하시는지 제대로 알 수 없습니다. 사랑이라는 단어는 명사이지만

---

15) 알리스터 맥그래스, 『십자가로 돌아가라』 (생명의말씀사, 2007) p. 125.

행동이라는 동사적 행위를 요구합니다. 말로만 하는 사랑은 무의미합니다. 십자가는 하나님의 사랑을 영원한 진리나 원리보다 행동으로 계시해 줍니다.[16]

그래서 요한일서 4:8의 그 유명한 "하나님은 사랑이심이라"는 말씀 다음에 "하나님의 사랑이 우리에게 이렇게 나타난 바 되었으니 하나님이 자기의 독생자를 세상에 보내심은 그로 말미암아 우리를 살리려 하심이라"요한일서 4:9는 말씀이 나오는 것입니다. 즉 "하나님은 사랑이심이라"는 말씀은 독생자를 보내신 사랑을 의미합니다. 이 하나님의 사랑은 얼마나 크고 놀라운지 인간의 능력으로는 가히 측량할 수 없습니다.

교회 역사상 가장 큰 오점 중 하나인 종교재판소는 이단 색출이라는 빌미로, 고발자나 재판 절차를 비밀에 붙인 채 고문과 위조를 일삼은 것으로 유명합니다. 종교재판 중에도 15세기의 스페인 종교재판이 가장 악명 높았습니다. 그들은 이단자를 찾아내기 위해 스파이를 고용하고, 고문을 통해 억지 자백을 받아냈으며 무려 30만 명 이상을 화형시켰습니다.

19세기 초, 나폴레옹 군대가 피레네 산맥을 넘어 스페인을 침략했을 때, 종교재판소가 사용하던 감방 문이 열렸습니다. 종교재판의 희생자 중에는 기독교인이 많았는데 한 지하 감방에 갇혔던 기독교인의 모습은 많은 사람에게 감명을 주었습니다. 차꼬와 쇠사슬이 채워진 그의 시

---

16) 알리스터 맥그래스, 『십자가로 돌아가라』 (생명의말씀사, 2007), p. 128.

신은 이미 썩어질 대로 썩어져 고통스러운 죽음을 말없이 증언하고 있었습니다. 그런데 놀라운 것은 그가 갇혔던 좁은 감방 벽에는 그가 죽기 전에 조잡하게 긁어서 새겨놓은 십자가가 있었습니다.

그 십자가는 네 마디의 스페인어로 둘러싸여 있었습니다. 십자가 위에는 '높이', 십자가 밑에는 '깊이', 왼쪽에는 '넓이', 오른쪽에는 '길이' 라는 말이 쓰여 있었습니다. 이루 말할 수 없는 고난의 현장 가운데서도 이 위대한 하나님의 사람은 그리스도의 놀라운 사랑을 증언하고 싶었던 것입니다. 이같이 십자가는 하나님의 사랑의 넓이와 길이와 높이와 깊이가 어떠한지를 깨닫게 해주는 통로입니다.

사도 바울은 이렇게 말합니다.

> "믿음으로 말미암아 그리스도께서 너희 마음에 계시게 하시옵고 너희가 사랑 가운데서 뿌리가 박히고 터가 굳어져서 능히 모든 성도와 함께 지식에 넘치는 그리스도의 사랑을 알고 그 너비와 길이와 높이와 깊이가 어떠함을 깨달아 하나님의 모든 충만하신 것으로 너희에게 충만하게 하시기를 구하노라" 에베소서 3:17-19.

하나님의 사랑이 그토록 놀랍고 위대한 이유는 우리가 아직 죄인 되었을 때 그리스도께서 우리를 위하여 죽으셨기 때문입니다. 성경은 이렇게 말합니다. "의인을 위하여 죽는 자가 쉽지 않고 선인을 위하여 용감히 죽는 자가 혹 있거니와 우리가 아직 죄인 되었을 때에 그리스도께서 우리를 위하여 죽으심으로 하나님께서 우리에 대한 자기의 사랑을 확증하셨느니라" 로마서 5:7-8.

"그리스도께서 우리를 위해 죽으신 것은 우리가 너무나 가치 있거나 너무나 사랑스럽거나 너무나 경건하기 때문이 아니었습니다."[17] 오히려 우리는 무가치하고 쓸모없는 존재였습니다. 하나님께 불순종하고 하나님을 거역하는 존재였습니다. 하나님이 무자비하게 다루고 심판해도 변명할 여지가 없는 그런 악한 죄인들이었습니다. 그러나 하나님은 그러한 우리를 위해 오히려 자신을 희생하셨습니다. 이것이 바로 하나님의 사랑입니다. 그러므로 하나님의 사랑은 십자가를 통하여 가장 극명하게 드러납니다.

그래서 요한복음은 예수께서 십자가에 달리는 사건을 고난이나 고통으로 표현하지 않고 오히려 '영광'으로 표현합니다. 생각해 보십시오. 십자가에 매달리는 사건이 어떻게 영광이 될 수 있겠습니까? 여기에 요한의 독특한 신학이 있습니다. 요한은 예수님의 십자가 죽음을 하나님의 사랑을 계시하는 사건으로 이해했습니다.

즉 예수님은 십자가의 죽음을 통해 '하나님은 사랑'이심을 보여 주셨다는 것입니다. 그리고 그로 인해 하나님만 영광을 받으신 것이 아니라 예수님 자신도 영광을 받으셨다는 것입니다. 김세윤 교수는 그의 책 『요한복음 강해』에서 이렇게 설명합니다.

"예수는 십자가에서 하나님의 본질이 사랑임을 계시함으로써 예수 자

---

17) 존 맥아더, 『성경의 핵심을 꿰뚫어라』 (생명의말씀사, 2007), p. 76.

신이 하나님임을 계시하게 된다. 영광의 기본 뜻은 '하나님의 본질이 드러남'이다. 예수님은 십자가에서 하나님의 본질(사랑)을 계시함으로써 하나님의 영광을 드러낸다. 이렇게 함으로 예수는 자신의 본질, 즉 하나님의 계시자임과 하나님의 계시자로서 하나님과 같은 분임을 드러낸다. 그러므로 십자가는 하나님의 본질을 드러내면서 동시에 예수의 본질도 드러낸다. 다시 말하면 하나님의 영광도 나타내면서 예수의 영광도 나타낸다. 그래서 십자가는 아들이 아버지를 영화롭게 하고 아버지가 아들을 영화롭게 하는 사건이다 요 17:1-5. 이것이 요한복음의 언어이다."[18]

십자가는 인간이 볼 때 가장 수치스럽고 고통스러운 상징이지만, 하나님이 보시기에는 가장 자랑스럽고 영광스러운 훈장과 같습니다. 왜냐하면 하나님은 십자가를 통하여 하나님의 하나님 되심을 가장 분명하게 드러내셨기 때문입니다. 십자가가 있음으로 인해 '하나님은 사랑'이시라는 말의 진정한 의미를 분명하게 이해할 수 있습니다.

우리는 기독교가 추상적인 종교가 되지 않게 하는 것이 바로 십자가라는 사실을 알아야 합니다. 다시 말해 기독교가 그저 말장난으로 그치지 않게 하는 것이 십자가입니다. 철학자들의 주장은 언뜻 듣기에는 대단히 그럴듯해 보여도 대부분 말장난으로 끝나는 경우가 많습니다. 왜냐하면 그들의 주장이 삶으로 뒷받침되지 않기 때문입니다. 그러나 기

---

[18] 김세윤, 『요한복음 강해』 (두란노, 2001), pp. 81-82.

독교의 진리는 막연한 것 같아도 대단히 실제적입니다. 십자가 사건을 통하여 기독교의 진리가 구체적인 행동으로 확증되었기 때문입니다. 우리는 이 사실을 알아야 합니다.

하나님이 우리를 사랑하신다는 선언은 듣기 좋은 말장난이 아닙니다. 생각해 보십시오. 말장난하기 위해 자기 아들을 죽이는 사람이 어디 있습니까? 하나님은 사랑이시다는 성경의 선언은 하나님의 아들의 십자가 희생을 통해 증명되었습니다. 그러므로 우리는 '하나님은 사랑' 이시다는 말씀을 참된 진리로 확증할 수 있습니다.

사람들은 사랑을 찾아 헤맵니다. 그러나 많은 노력에도 불구하고 참된 사랑을 얻지 못해 괴로워합니다. 그런데 성경은 우리가 그토록 찾아 헤매던 사랑의 실체가 십자가 안에 있다고 합니다.

> "사랑은 여기 있으니 우리가 하나님을 사랑한 것이 아니요 하나님이 우리를 사랑하사 우리 죄를 속하기 위하여 화목제물로 그 아들을 보내셨음이라" 요한일서 4:10.

사랑이 여기 있습니다. 우리가 그토록 갈망하고 찾아 헤매던 그 사랑이 바로 예수님의 십자가 속에 있습니다.

"사랑의 정의를 찾고자 할 때,
우리는 사전을 찾는 것이 아니라
갈보리를 바라보아야 한다."
- 존 스토트 -

노란 손수건

다음 이야기는 1900년대 초 미국에서 있었던 실제 이야기입니다. 이 이야기는 '참나무에 노란 손수건을 달아주세요.'라는 노래로 음반이 제작되어 3주 만에 300만 장의 음반이 팔렸다고 합니다. 다음은 『노란 손수건』이라는 책에서 요약 발췌한 것입니다.

뉴욕에서 플로리다로 향하는 버스 정류장은 언제나 붐볐다. 생기 가득한 젊은 남녀 세 쌍이 재잘거리며 샌드위치와 포도주 병이 가득 담긴 짐을 들고 버스에 올랐다. 플로리다의 포트 로더데일 해변으로 향하는 버스였다.

그들 앞자리에는 몸에 잘 맞지 않는 허름한 옷차림의 사내 한 명이 묵묵히 앞만 응시한 채 앉아 있었다. 무표정한 그의 얼굴로는 나이가 짐작되지 않았다. 남자는 입술을 굳게 다물고 조잘거리는 남녀들이 무안해질 만큼 무거운 침묵을 지켰다.

젊은 남녀들은 이 심상치 않은 남자의 거동에 점차 흥미를 느끼기 시작했다. 그리고 멋대로 상상하기 시작했다. 뭐하는 사람일까? 배를 타던

선장일까? 아니면 고향으로 돌아가는 퇴역 근인일까? 워싱턴을 지날 무렵 한 여자가 용감하게 말을 걸었다. "포도즈 좀 드시겠어요?"
이렇게 시작된 대화에 그 사내는 괴로운 표정으로 자신에 대한 이야기를 시작했다.

"난 빙고라고 합니다. 지난 4년 동안 뉴욕의 형무소에 있다가 집으로 가는 길입니다. 4년 전 아내에게 편지를 보내 오랫동안 가정을 돌볼 수 없는 형편이니 나를 기다릴 수 없을 것 같으면 나를 잊으라고 했지요. 힘들면 재혼해도 좋다고 했습니다. 그 뒤로 아내는 편지를 하지 않았습니다. 3년 반 동안이나······."

잠시 눈을 감았던 사내가 말을 이었습니다. "지난 주 가석방이 확정되자 나는 또 편지를 썼습니다. 옛날에 우리는 브런즈윅이라는 곳에 살았는데, 마을 어귀에 커다란 참나무가 한 그루 있었습니다. 나는 편지에 나를 용서하고 다시 받아들일 생각이라면, 그 참나무에 노란 손수건을 매어 두라고 했습니다. 노란 손수건이 참나무에 걸려 있으면 버스에서 내려 집으로 돌아갈 것이라고. 그러나 손수건이 없으면 재혼을 했거나 나를 받아들일 생각이 없는 것으로 알고 그냥 버스를 타고 어디로든 가 버릴 생각입니다."

여자는 깜짝 놀랐다. 옆에서 이야기를 듣고 있던 일행들도 빙고가 보여주는 아내와 세 아이들의 낡은 사진을 들여다보며 앞으로 전개될 상황에 커다란 관심을 가졌다. 버스는 쉬지 않고 달렸다. 마침내 이정표는 브런즈윅이 20여 마일밖에 남지 않았음을 가리켰다. 젊은이들은 모두 창문 쪽으로 다가가 빙고가 말한 커다란 참나무가 나타나기를 조마조마한 마음으로 기다렸다.

그때였다. 별안간 요란한 함성이 터져 나왔다. 젊은이들은 너나 할 것 없이 자리를 박차고 일어나 소리치며 춤을 추었다. 창밖을 쳐다보고 있던 빙고의 눈에서는 뜨거운 눈물이 흘러내렸다. 창밖으로 보이는 참나무에는 20개, 30개, 아니 수백 개의 노란 손수건이 물결치고 있었다.

여러분은 이 노란 손수건 이야기가 마음에 드십니까? 그렇다면 이보다 더 엄청나고 더 감동적인 갈보리 언덕의 나무 십자가 이야기는 어떻습니까? 사실상 갈보리 언덕의 나무 십자가에 높이 달린 예수 그리스도는 하나님이 우리에게 달아주신 노란 손수건입니다. 놀랍게도 하나님은 이 손수건을 노란색이 아닌 빨간색으로 물들이셨습니다.

그리고 이렇게 말씀하십니다. "사랑하는 아들, 딸아. 내가 너희를 사랑한다. 내가 너희를 용서하고 받아주겠다. 갈보리 언덕의 나무 십자가에 달린 나의 아들을 보아라. 그의 죽음은 너희에 대한 나의 사랑을 보여준단다. 제발, 내가 주는 조건 없는 사죄의 은총을 받아들이고 내게로 돌아와라."

이 하나님의 사랑에 여러분은 어떻게 반응하시겠습니까?

**내가 예수께 얼마나 나를 사랑하시는지를 물었을 때
그분은 자신의 팔을 활짝 펴 보이시며 죽으셨다.**

I asked Jesus, how much do you love me.
And he stretched his arms wide and died.

_ 무명의 그리스도인

4 옆에서 본 십자가

그리스도의 공로로 우리에게 은혜가 주어졌다고 말할 때
그것은 우리가 그의 피로 깨끗게 되었으며
그의 죽음이 우리를 죄에서 속하셨다는 뜻이다.

_ 존 칼빈 John Calvin

다시 보는 십자가

기독교는 은혜의 종교

대표성의 원리

믿음의 중요성

4

옆에서 본 십자가
_ 하나님의 은혜

"이르되 예수여 당신의 나라에 임하실 때에 나를 기억하소서 하니 예수께서 이르시되 내가 진실로 네게 이르노니 오늘 네가 나와 함께 낙원에 있으리라 하시니라."
_ 누가복음 23:42-43

'옆에서 본 십자가', 이 십자가는 예수께서 십자가에 못 박히실 때, 예수님과 함께 못 박혔다가 구원받은 강도의 입장에서 본 십자가입니다.

예수께서 십자가에 못 박히실 때 좌우편에 강도들이 있었습니다. 그 중 한 강도는 예수님을 끝까지 부인하고 모욕했지만, 다른 한 강도는 "당신의 나라에 임하실 때에 나를 기억하소서."라고 예수께 부탁했으며, "오늘 네가 나와 함께 낙원에 있으리라."는 말을 들었습니다. 이 강도는 마지막 순간에 구원을 선물로 받았습니다. 옆에서 본 십자가는 '하나님의 은혜'를 보여줍니다.

1. 기독교는 은혜의 종교

필립 얀시가 쓴 『놀라운 하나님의 은혜』라는 책에 나오는 이야기입니다. 영국에서 열린 비교 종교학 회의에서 세계 각국 전문가들이 기독교 신앙의 독특성에 대해 토론하고 있었습니다. 그들은 기독교가 다른 종교와 근본적으로 다른 이유를 제시했습니다.

누군가 기독교의 독특성으로 '성육신'을 말했습니다. 그러자 다른 사람이 다른 종교에도 '신이 인간으로 현현한 내용이 있다.'고 했습니다. 또 누군가 '부활'은 어떠냐고 하자 다른 사람이 '죽은 사람이 환생한 기사' 역시 타종교에도 있다고 했습니다.

토론이 길어지는 가운데, 마침 C. S. 루이스가 방을 잘못 찾아 들어왔습니다. "토론 주제가 뭡니까?" 그의 질문에 동료들은 전 세계 종교 중 기독교만이 기여할 수 있는 바를 찾는 중이라고 했고, 루이스는 "그거야 쉽죠. 은혜 아닙니까?"[1]라고 말했습니다.

그렇습니다. 기독교는 철저히 은혜의 종교입니다. 이것이 기독교의 독특한 차별성입니다. 기독교는 인간이 만든 종교가 아닙니다. 인간이 기독교를 만들었다면, 어떤 행위를 해야만 구원받을 수 있다는 구원의 조건을 내세웠을 것입니다.

그렇게 하면 메시지 전달도 쉽고 듣는 사람이 이해하기도 쉬울 것입니다. 자긍심을 높여 주기 때문에 사람들이 좋아하고 환호했을 것입니

---

1) 필립 얀시, 『놀라운 하나님의 은혜』 (IVP, 1999), p. 49.

다. 그래서 기독교를 제외한 세상의 모든 종교는 인간의 행위에 근거하여 구원의 교리를 세웁니다.

그러나 기독교는 이러한 부분을 철저히 배제합니다. 기독교는 인간은 전적으로 죄인이고, 구원에 있어서 인간이 기여할 부분은 아무 것도 없다고 이야기합니다. 구원받기 위해서는 오로지 우리를 위해 돌아가신 예수 그리스도의 십자가의 피를 의지해야 한다고 합니다. 기독교는 인간의 자존심을 내세우지 않습니다. 오로지 '하나님의 은혜'만을 이야기합니다. 이것이 바로 기독교의 독특성입니다.

이것이 하나님의 놀라운 지혜입니다. 인간이 천국에 들어가는 데 조금이라도 기여하는 부분이 있다면, 인간은 천국에 가서도 교만해질 것입니다. 천국에서도 서로 무엇 때문에 왔느냐고 물으며 잘난 체하거나 상대방을 멸시할 것입니다.

하나님은 천국에 들어가는 근거를 인간의 행위가 아니라 전적인 하나님의 은혜에 달렸다고 하셨습니다. 어느 누구도 천국에서 자신을 자랑치 못하게 하셨습니다.

> 어떤 사람이 죽어서 천국에 갔습니다. 천국 문 앞에서 베드로가 기다리고 있었습니다. 천국 문 안으로 들어가기 전에, 베드로는 그에게 몇 가지 확인할 것이 있다고 했습니다. 베드로의 질문에 총 100점을 획득해야 천국에 들어갈 수 있다고 했습니다.
>
> 베드로는 먼저 그가 얼마나 교회에 열심히 다녔는지 물었습니다.
> "매주일 교회에 갔을 뿐 아니라 수요 예배에도 빠지지 않았습니다."

"알겠습니다. 2점 드리지요." 베드로가 말했습니다.

"겨우 2점이요? 꽤 점수가 나올 줄 알았는데요." 그가 당황하며 말했습니다.

"헌금은 잘 내셨나요?" 베드로가 물었습니다.

"네 그럼요. 제 수입의 십일조를 꼬박꼬박 드렸습니다."

"음……그렇다면 3점은 받으실 수 있겠네요. 그 외 다른 건 없으신가요?"

"글쎄요, 지금 당장 생각나지는 않지만. 어쨌든 저는 나름대로 착하게 살려고 노력하고 가끔씩 다른 사람들을 돕기도 했습니다."

"그렇군요. 그렇다면 3점을 더 드리지요. 그 외 점수에 더 보태실 것은 없으신가요?"

이쯤 되자 그는 혼란스러웠습니다.

"글쎄요. 다른 것은 내세울 만한 것이 없네요. 이런 식으로 하면 오직 하나님의 은혜밖에는 천국에 들어갈 방법이 없겠네요."

그 사람은 그만 자리에 털썩 주저앉았습니다. 그리고 큰 소리로 외쳤습니다.

"예수님 저 좀 도와주세요!"

그러자 베드로가 소리쳤습니다.

"바로 그겁니다. 100점 만점! 들어오세요."

이 이야기가 말하고자 하는 것이 무엇입니까? 아무리 위대하고 훌륭한 사람도, 아무리 열심히 신앙생활하고 선행을 한 사람도, 인간의 노력이나 공로로는 천국에 들어갈 수 없다는 사실을 비유적으로 설명한 것입니다. 천국은 오로지 하나님의 은혜로 들어갑니다. 이 은혜는 우리를 위해 십자가에서 죽어 주신 예수님의 피 공로로 인한 것입니다.

이 은혜에 보답하는 방법은 오로지 온 마음과 정성을 다해 진심으로 예수님의 십자가를 감사하는 일밖에 없습니다. 그 외에 다른 방법으로 천국에 들어가려는 노력은 예수께서 하신 일이 부족하다는 뜻이므로 결과적으로 예수님을 모독하는 일입니다.

이해를 돕기 위해 예를 들어 보겠습니다. 여러분이 백악관에서 열리는 저녁 만찬에 대통령의 초대를 받았다고 합시다. 즐겁게 저녁 식사를 마친 후 나가는데 대통령이 문 앞에서 사람들을 배웅합니다. 그런데 당신이 대통령에게 "정말 즐거운 저녁 식사였습니다. 돈이 꽤 많이 들었을 텐데 저도 좀 보태고 싶군요." 하면서 지갑에서 천 원짜리 한 장을 꺼낸다면, 대통령의 기분이 어떻겠습니까? 그것은 무례하고 모욕적인 행동일 수밖에 없습니다.

마찬가지로 우리는 하나님의 은혜로 구원받았습니다. 하나님의 아들의 핏값이라는 어마어마한 희생이 치러졌습니다. 하나님의 아들의 피는 무죄한 피요 우주에서 가장 완전한 피입니다. 그 피의 가치와 의미는 상상을 초월합니다. 하나님이 예수 그리스도의 귀한 피를 흘려 구원을 완성해 놓으셨습니다. 그런데 인간이 덧보태 구원을 완성하려 한다면, 그것은 하나님께 엄청난 모독입니다.

구원받은 이후에 하나님을 기쁘시게 하기 위해 선행을 할 수는 있지만, 구원의 조건으로 선행을 보태는 것은 있을 수 없습니다. 그저 감사함으로 받아들이면 됩니다. 백악관 저녁 만찬에 초대받은 사람은 대통령의 초대를 진심으로 감사하는 것 외에는 할 일이 없습니다.

실제로 하나님의 은혜는 이것과 비교할 수 없습니다. 대통령의 만찬의 경우, 초대받을 만하니까 참석한 것일 수도 있습니다. 만약 대통령이 노숙자를 초청했다면 어떻습니까? 이것은 상상할 수도 없는 호의입니다. 은혜가 바로 이런 것입니다. 은혜는 자격이 없는 사람이 호의를 받는 것입니다. 이러한 경우가 하나님이 베푸시는 은혜의 본질과 더 잘 어울립니다.

구약성경에 이것을 생생하게 보여주는 그림이 있습니다. 바로 므비보셋입니다. 그는 다윗의 원수인 사울의 손자입니다. 과거 왕정 시대에는 권력을 잡으면 보통 대적하던 상대방의 집안을 삼 대까지 멸했습니다. 그들을 남겨두면 언젠가 다시 반역의 칼을 들지도 모르기 때문입니다. 그러므로 다윗이 늘 자신을 죽이려고 쫓아다녔던 사울 왕의 손자 므비보셋을 죽이는 것은 당연한 일이었습니다.

그러나 다윗은 므비보셋의 아버지 요나단과의 우정을 생각하여 므비보셋에게 조부 사울의 밭을 다 돌려주고, 평생 다윗의 식탁에서 식사하도록 하였습니다. 므비보셋은 절름발이였다고 합니다. 당시의 풍습으로 그는 더 더욱 왕 앞에 나아와 왕의 자녀들과 함께 식사하기에 어울리지 않는 사람이었습니다.

이것은 받을 자격이 없는 사람에게 베푸는 놀라운 은총의 생생한 예입니다. 이 므비보셋의 이야기는 하나님의 일방적인 은혜가 어떤 것인지 보여주는 감동적인 예화입니다.

기억하십시오. 기독교는 은혜의 종교입니다. 이 은혜는 받을 자격이 없는 사람에게 베풀어 주시는 하나님의 놀라운 사랑입니다. 그래서 유명한 신학자 B. B. 워필드Benjamin B. Warfield는 "은혜란 벌을 받아 마땅한 사람에게 값없이 주는 하나님의 호의다."[2]라고 했습니다. 무슨 말입니까? 그는 은총을 받을 사람이 아니라 벌을 받아야 마땅한 사람입니다. 그런데 벌을 받지 않을 뿐 아니라 생각지 못한 은총까지 입습니다. 이것이 성경이 말하는 은혜입니다.

우리가 바로 그런 처지였습니다. 천국에 들어갈 자격은커녕 지옥에 가야 마땅할 죄인이었습니다. 그런 우리를 하나님이 사랑하셔서 자신의 아들을 이 땅에 보내어 우리를 위해 대신 죽게 하심으로 천국에 들어갈 자격을 갖추게 하셨습니다. 말로 다 설명할 수 없는 은혜입니다. 그래서 기독교의 은혜를 '놀라운 은혜', 즉 '어메이징 그레이스' Amazing Grace라고 하는 것입니다.

예수님 옆에 있던 강도 이야기는 이 구원이 얼마나 놀라운 은혜인지 극명하게 보여줍니다. 이 강도는 십자가 위에서 죽어가고 있었습니다. 그는 "자신의 구원을 위해 쌓을 수 있는 공로도 없고, 행할 수 있는 선행도 없었습니다. 이 강도는 자신의 짧은 인생을 범죄로 일관했고, 그 범죄의 대가로 십자가형을 받고 있었습니다."[3] 그러므로 "죄인이 죄 사함을 받고 구원받는 것이 그 죄인의 어떤 공로와 도덕적 행위에 따른

---

[2] 척 스윈돌, 『척 스윈돌의 설교 예화 1500선』 (디모데, 1998), p. 585.
[3] 정성욱, 『한눈에 보는 십자가 신학과 영성』 (부흥과개혁사, 2005), p. 70.

것이라면, 이 강도는 아무런 희망도 없는 절대 절망의 상황이었을 것입니다."[4]

예수님은 이 강도를 용서해 주셨을 뿐 아니라 낙원을 허락해 주셨습니다. 희미하게나마 그는 예수님이 자비를 베푸실 분이심을 알아보았기 때문입니다. 그는 자비를 구했지만 예수님은 과분한 은혜를 베푸셨습니다. 그래서 주님과 함께 낙원에 가게 되었습니다.

기독교의 처음부터 마지막이 온통 은혜로 가득 차 있음을 알아야 합니다. 하나님이 십자가를 계획하신 것이 은혜입니다. 십자가를 믿고 구원받게 해주신 것이 은혜이며, 예수 그리스도의 십자가를 구원의 근거로 인정해 주신 것도 은혜입니다. 하나님은 그렇게 하실 의무가 없기 때문입니다.

R. C. 스프룰은 말합니다. "내가 하나님께 죄를 지을 때 예수님이 내 빚을 대신 갚아 주신다. 하지만 예수님이 나 대신 치르신 죗값을 받아들이는 것은, 전적으로 피해 당사자이면서 동시에 재판관이신 하나님의 결정에 달려 있다."[5] 하나님이 예수 그리스도의 십자가를 우리 죄에 대한 사죄의 근거로 인정하시는 것은 전적인 하나님의 은혜입니다.

기독교는 전적으로 은혜의 종교입니다. 처음부터 끝까지 나의 공로가 들어갈 자리가 없고 전적으로 하나님의 은혜에 근거하여 구원받습니다. 이것이 기독교가 다른 종교와 근본적으로 다른 점입니다.

세상에는 수없이 많은 종교가 있지만 우리가 지은 죄를 대신 갚아주

---

4) 정성욱, 『한눈에 보는 십자가 신학과 영성』 (부흥과개혁사, 2005), p. 70.
5) R. C. 스프룰, 『구원의 의미』 (생명의말씀사, 2003), p. 79.

는 종교는 오직 기독교뿐입니다. 1991년 독일에 갔을 때 보니, 티셔츠에 기독교 이미지를 그려 넣어 간접적으로 복음을 전하는 것이 유행이었습니다. 제가 본 티셔츠에는 십자가가 그려져 있었고 거기에 부처가 매달려 있었습니다. 그 그림 밑에는 'What's Wrong With This Picture?' 이 그림이 무엇이 잘못되었나요?라는 문구와 함께 "예수는 길이요 진리요 생명" 요한복음 14:6이라는 말씀이 있었습니다.

부처는 우리 대신 죽어 주지 않았습니다. 우리의 죄 문제를 해결해 주지도 않았습니다. 우리 스스로 진리를 찾으라고 합니다. '너희 구원을 힘써 너희가 이루라.'는 것이 불교의 사상입니다.

힌두교의 업보의 교리를 카르마 Karma라고 합니다. 힌두교인들은 전생의 행위나 업보에 따라 현재의 삶이 결정된다고 믿습니다. 힌두교에는 네 개의 계층이 있는데 자신이 속한 계층과 인생을 전생의 삶이 결정해 준 것이라고 보기 때문에 그들의 사상에는 용서의 가능성이 있을 수 없습니다. 자신의 업보는 자신이 갚아야 하기 때문입니다.

그래서 카르마의 법칙은 이렇게 말합니다. "네가 죄를 지었으니 네가 갚아라!"

반면에 기독교의 십자가 사상은 하나님의 끝없는 은혜와 용서에 초점을 맞춥니다. 예수 그리스도가 갈보리 십자가에서 행하신 것에 근거하여 기독교는 이렇게 말합니다. "네가 죄를 지었으나 내가 갚는다!"[6] 이것이 바로 기독교가 말하는 은혜입니다.

---

6) 마이클 그린, 『텅빈 십자가』(서로사랑, 2007), pp. 127-128.

2. 대표성의 원리

기독교가 말하는 하나님의 은혜는 '예수 그리스도의 십자가'와 밀접한 관련이 있습니다. 하나님은 예수 그리스도의 십자가를 믿는 사람에게 일방적인 구원의 은혜를 베푸십니다.

그러면 어떻게 이런 일이 가능한지 신학적으로 질문해 보지 않을 수 없습니다. 예수님의 십자가 속에 어떤 비밀이 숨겨져 있기에 예수 그리스도 단 한 사람의 죽음으로 온 인류가 구원을 받을 수 있는 기회를 얻게 된다는 말입니까?

여기에는 대표성의 원리가 적용됩니다. 처음 교회에 나왔을 때, 필자는 원죄 교리에 대해 대단히 불만이었습니다. 과거 얼굴도 보지 못한 아담이 지은 죄로 인해, 나를 포함한 모든 인류가 하나님 앞에 죄인이 되어야 한다는 사실이 뭔가 대단히 불공평하고 억울한 듯했습니다.

그러나 좋든 싫든 사실입니다. 인류의 대표representative인 아담으로 인해 모든 인류가 죄인이 되었기 때문입니다. 이것을 '대표성의 원리'라고 합니다. 아담은 세상 최초의 인간이었습니다. 하나님은 아담을 인류의 대표로 세우셨고 그에게 선악과를 따먹지 말라고 하셨는데, 아담이 이를 어겨 우리 모두는 죄인의 자리에 떨어진 것입니다.

성경은 분명히 말합니다. "그러므로 한 사람으로 말미암아 죄가 세상에 들어오고 죄로 말미암아 사망이 들어왔나니 이와 같이 모든 사람이 죄를 지었으므로 사망이 모든 사람에게 이르렀느니라"로마서 5:12. 그러나 이것이 대표성의 원리의 전부는 아닙니다. 그 다음 이야기가 또 있습니다. 예수 그리스도 또한 인류의 대표이십니다.

다시 말해 이 대표성의 원리가 인간이 죄인 되는 것에만 적용되는 것이 아니라, 인간이 구원을 얻는 데도 적용된다는 것입니다. 세계 인구는 70억이 넘습니다. 그런데 예수님이 죄인을 대신하여 죽으셨습니다.

예수께 '대표성의 원리'가 적용되지 않는다면, 예수께서 전 세계 70억의 사람을 구원하려면 각각의 사람을 위해 70억 번 이상 십자가에서 죽으셔야 합니다. 그러나 예수님은 단 한 번만 죽으셔도 됩니다. 그분이 우리를 대표해서 죽으셨기 때문입니다. 하나님이 이 대표성의 원리를 이렇게 역으로도 적용시키신 것입니다.

아담은 세상 최초의 인간이니 인류의 대표가 될 수 있지만, 예수 그리스도는 어떻게 전 인류의 대표가 될 수 있느냐고 물을 수 있습니다. 대답은 그분이 인간의 몸으로 오신 하나님이시기에 가능하다는 것입니다. 하나님의 아들이신 예수 그리스도가 인간의 몸으로 와서 인간을 대신하여 죽으셨기에, 하나님은 그의 죽음을 전 인류를 대표한 죽음으로 인정해 주셨습니다.

그러나 예수 그리스도의 십자가의 효력에 대해 의문을 가질 수 있습니다. "그리스도가 십자가에서 당한 고작 수시간의 고통이 어떻게 전 세계를 영원한 잃어버림으로부터 구출할 수 있는가?"[7]라고 물을 수 있습니다. 여기에 대한 답변의 열쇠는 고통받는 자가 누구냐에 있다고 마이클 그린은 이야기합니다.

---

7) 마이클 그린, 『텅빈 십자가』 (서로사랑, 2007), pp. 135.

"그리스도는 인류 전체와는 질적으로 구분된다. 그리스도가 고통당하셨던 것과 하나님으로부터 분리된 인류가 고통당하는 것에는 양적으로 등치가 성립되지 않는다. 갈보리 십자가에 매달린 그분에 대하여는 전적으로 다른 생각을 가져야 한다. 우리는 수십만 마리의 쥐가 죽은 것보다 내 자녀가 한 시간 동안 아픈 것을 더 걱정한다. 왜냐하면 쥐와 사람은 질적으로 다르기 때문이다. 하나님의 아들이 모든 인간을 위해 죽으신 것도 마찬가지다."[8]

하나님은 하나밖에 없는 아들 예수 그리스도가 하늘의 모든 영광을 버리고, 이 땅에 낮고 낮은 몸으로 오셔서 죄 없이 사시다가, 인간의 모든 죄를 짊어지고 십자가에서 죽으셨기에, 예수 그리스도의 죽음을 완벽하게 순결하고 깨끗한 죽음으로 보시고 세상 모든 인간의 죄를 대신하는 죽음으로 인정하신 것입니다.

그래서 예수님은 인류의 대표자 representative 요 동시에 대리자 substitution 이십니다. 예수님은 온 인류를 대표하여, 또 나 한 사람을 대신하여 십자가 위에서 죽으셨습니다. 예수님의 죽음에는 우리의 죽음이 내포되었습니다. 예수 그리스도가 십자가에서 죽으실 때, 하나님은 앞으로 믿게 될 각 사람이 그리스도 예수 안에서 그리스도와 함께 이미 죽은 것으로 생각하십니다.

이것이 중요한 이유는 우리가 하나님 앞에 받아들여지려면 율법의

---

8) 마이클 그린, 『텅 빈 십자가』 (서로사랑, 2007), pp. 135.

모든 요구를 충족시켜야 하는데 본질적으로 죄인인 우리는 이 율법의 요구를 이룰 능력이 없다는 것입니다. 율법을 통해 하나님께 인정받으려면 율법이 요구하는 모든 징계를 감당해야 하고, 그것은 곧 죽음을 의미합니다.

존 스토트는 갈라디아서 2:19-20 말씀을 이렇게 설명합니다.

> "율법이 나를 율법을 어긴 자로 죽이라고 요구하는데 내가 어떻게 율법을 통해 의롭다 함을 받을 수 있는가? 오직 율법의 요구 사항을 충족시켜 그것이 요구하는 죽음에 의해서만 가능하다. 그러나 이렇게 해야 한다면 그것은 나에게 종말일 것이다. 그래서 하나님은 다른 방법을 주셨다. 내가 율법을 어긴 것에 대한 형벌을 그리스도께서 담당하셨고, 내가 그분과 연합했기 때문에 그가 한 일의 축복은 나의 것이 되었다. 나는 그리스도와 하나이기 때문에 '내가…… 율법을 향하여 죽었나니' 19절라고 말할 수 있다. 나는 율법의 요구를 만족시켰다. 왜냐하면 '내가 그리스도와 함께 십자가에 못 박혔고' 그가 지금 내 안에 살고 계시기 때문이다 20절"[9]

예수 그리스도의 죽음과 우리 죽음과의 연관성에 관해 제임스 패커는 이렇게 설명합니다.

---

9) 존 스토트, 『그리스도의 십자가』 (IVP, 1988), pp. 425-426.

"그분께서 우리를 대속하시려고 고통스럽게 공개적으로 죽으셨기 때문에 그분을 믿는 우리는 그분과 하나 되어-고통 없이, 보이지 않는 방식으로-이미 죽은 것이다. 그분이 우리를 위해 죽으셔서 아담 '안에서' 범한 우리의 죄가 사함받았고, 우리는 그분 '안에서' 하나님의 용납하심을 누릴 수 있게 되었다. 우리가 그분 '안에서' 죽었으므로 아담 '안에서' 알고 있던 존재로부터 놓임을 얻게 되었고, 그리하여 그분 '안에서' 다시 살아나 새로운 생명을 얻고 새로운 피조물이 되었다."[10]

이것은 대단히 중요한 이야기입니다. 마르틴 루터는 이를 '거룩한 자리 바꿈'이라고 표현했습니다. 하나님이 예수님의 자리를 우리의 자리와 바꾸시어 그리스도는 우리를 위해 죽게 하시고, 우리는 그리스도 안에서 살게 하셨습니다. 그리하여 '우리의 죄는 우리의 것이 아니라 그리스도의 것'이 되게 하시고, '그리스도의 의는 그리스도의 것이 아니라 우리의 것'이 되게 하셨습니다.

그리스도가 우리 자리에서 '우리의 죄를 대신'하신 것은 이해가 되는데, 우리가 그리스도의 자리에서 '그리스도의 의'를 소유한다는 것은 무슨 의미인지가 중요합니다. 그리스도가 우리 죄를 대신하는 것만으론 충분할 수 없나요? 우리가 그리스도의 의를 소유해야 할 이유는 무엇인가요?

---

10) 제임스 패커, 마커 데버 『십자가를 아는 지식』 (살림, 2010), p. 108.

천국에 들어가기 위해서입니다. 죄가 없는 것만으로는 천국에 들어갈 수 없습니다. 천국에 들어가려면 의로워야 합니다. 문제는 우리에게 천국에 들어갈 만한 의가 없다는 사실입니다. 존 파이퍼의 설명처럼 '죄 사함' 과 '하나님 앞에서 의롭다 함' 을 받는 것은 같지 않습니다.

어떤 사람이 재판에서 무죄 판결을 받았다고 합시다. 그것이 실제로 그 사람이 의롭다는 의미는 아닙니다. 은행이 내 부채를 변제해 주더라도 나를 부자로 인정해 주는 것은 아닌 것과 같습니다. 이와 같이 하나님이 우리 죄를 말소해 주시는 것이 곧 나를 의롭다고 선언하는 것은 아니라는 것입니다.[11]

시험 중에 교수가 부정행위 학생을 적발하여 F학점을 주려다가 용서해 줄 수는 있지만, 그에게 A학점을 줄 수 없는 것과 마찬가지입니다. 그러면 그 교수는 공의롭지 못합니다. 하나님은 이 문제를 어떻게 해결하셨습니까? 어떻게 성경 말씀대로 자기의 의로우심도 나타내시고 동시에 예수 믿는 자를 의롭다 로마서 3:26 하실 수 있으셨습니까?

존 파이퍼는 두 가지를 이야기합니다. 첫째는 그리스도의 죽음이 우리의 불의로 생긴 부채를 갚아 주었고, 둘째는 그리스도의 순종이 우리가 하나님의 법정에서 의롭다 하심을 받는 데 필요한 의를 제공해 주었다는 것입니다.[12]

십자가 수난을 통하여 마땅히 받아야 할 고난을 대신 받으심으로 우

---

11) 존 파이퍼, 『더 패션 오브 지저스 크라이스트』 (규장, 2004), pp. 55-57.
12) Ibid., p. 59.

리 죄를 용서해 주셨고, 자기를 낮추시고 죽기까지 복종하시는 절대 순종으로 우리가 의로워질 근거를 만들어 주셨습니다. 이것을 '이중적 전가'라고 표현합니다.

그리스도의 십자가 죽음을 통해 우리의 죄책이 그리스도에게 전가되어 그리스도는 우리 대신 죄인이 되었습니다. 동시에 그리스도를 영접하는 순간 그분이 행한 모든 것이 우리에게 적용되어 그리스도와 같은 의인이 되는 것입니다. 이것이 '이중적 전가'입니다.[13]

성경은 말합니다. "한 사람이 순종하지 아니함으로 많은 사람이 죄인 된 것같이 한 사람이 순종하심으로 많은 사람이 의인이 되리라" 로마서 5:19. 우리는 죄인인 동시에 의인이 된 것입니다. 마르틴 루터는 '의인인 죄인'이라고 표현했습니다. 우리는 날 때부터 죄인입니다. 그러나 동시에 우리는 하나님 앞에서 의로워졌습니다. 예수 그리스도의 의가 우리에게 전가되었기 때문입니다.

이 같은 주님의 죄 사함의 축복과 거룩한 의를 우리 것으로 삼기 위해서는 어떻게 해야 합니까? 단 한 가지 방법밖에 없습니다. 주님을 우리의 구세주로 믿고 받아들이고 그분이 베풀어주신 구원의 선물을 우리 것으로 삼게 되면, 우리의 모든 죄가 그분에게 전가되고 그분이 소유하신 모든 의가 우리에게 전가됩니다.

한마디로 주님이 행하신 이 모든 일을 믿고 받아들일 때 죄인 된 우리의 자리에 주께서 들어오시고 거룩한 주님의 자리에 우리가 대신 서

---

13) R. C. 스프롤, 『구원의 의미』 (생명의말씀사, 2003), pp. 128-132.

게 되는 것입니다. 참으로 기가 막힌 '위치 교환'이라고 할 수 있습니다. 죄 많은 우리 인간이 죄 사함을 받고 거룩한 천국에 들어가기 위해서는 오로지 이 방법밖에 없습니다. '완전한 죄인'인 우리와 '완전한 의인'인 주님이 '자리 바꿈'을 하는 방법밖에 없습니다. 한 가지 예를 들어보겠습니다.

『몽테크리스토 백작』이라는 소설을 아십니까? 유명한 프랑스 작가 알렉상드르 뒤마 Alexandre Dumas 가 쓴 소설입니다.

프랑스 마르세유 출신의 젊은 선원 에드몽 당테스는 젊은 나이에 선임 선원이 되고, 아름다운 메르세데스와 약혼을 하게 됩니다. 그런데 이것을 시기한 적들의 흉계로 억울하게 14년 동안 감옥에 수감됩니다. 이프 감옥은 바닷가에 있어서 탈출이 불가능합니다. 오로지 시체가 되어야만 나올 수 있습니다.

지하 감옥에서 탈출하기 위해 파들어간 땅굴이 신부가 판 땅굴과 연결되어서, 당테스는 탈옥을 시도하던 파리아 신부를 만나게 됩니다. 신부는 자신이 오래 살지 못할 것임을 알고, 당테스에게 자신이 가진 모든 지식과 보물섬의 지도를 넘겨주고 죽습니다.

간수들이 신부의 시체를 바다에 던지기 위해 자루에 넣은 후 나간 사이에, 당테스는 죽은 신부는 자기 방에, 자기는 시신이 담긴 자루에 들어가 죽은 체하며 누웠습니다.

간수들은 아무 것도 모른 채 당테스가 들어 있는 자루를 바다에 던져버립니다. 바닷물에 빠진 당테스는 미리 준비해 둔 칼로 자루를 찢고 나와 무사히 탈출에 성공합니다. 그리고 보물섬에서 찾은 보물을 가지고 몽테크리스토 백작으로 분하여 자신의 적들을 차례차례 파멸시킨다는 것이 소설의 줄거리입니다.

우리가 주목할 것은 당테스의 탈출 방법입니다. 그가 잡혀간 곳은 절대로 살아서 나올 수 없는 감옥입니다. 오로지 죽어 시체가 된 사람만 나올 수 있는 곳입니다. 그러나 죽은 사람과 자리를 바꿔치기 했을 때 죽지 않고 무사히 빠져 나올 수 있었습니다.

우리도 마찬가지입니다. 우리 모두 죄인으로 지독한 죄의 감옥에 빠져 있습니다. 이 감옥을 빠져 나갈 길은 없습니다. 인간이 살아 있는 한, 죄의 감옥에서 빠져 나와 거룩한 천국에 들어갈 길은 전혀 없습니다. 세상 모든 사람은 이 죄의 감옥에서 허덕이다가 죄로 인해 심판을 받고 영원한 멸망인 지옥에 떨어지는 수밖에 다른 방법이 없습니다.

그러나 하나님은 당신의 아들의 죽음을 통해 놀라운 '자리 바꿈'을 해주셔서, 주님을 믿기만 하면 죄를 용서받고 천국에 들어갈 수 있게 해주셨습니다.

얼마나 놀라운 은혜입니까? 이를 위해 주님이 희생당하셨습니다. 그러므로 이 큰 은혜를 무시하면 어떻게 되겠습니까? 우리에게 주어진 구원은 소중한 것입니다. 주님이 소중한 핏값을 치르셨기 때문입니다.

> "우리가 이같이 큰 구원을 등한히 여기면 어찌 그 보응을 피하리요 이 구원은 처음에 주로 말씀하신 바요 들은 자들이 우리에게 확증한 바니" 히브리서 2:3.

3. 믿음의 중요성

은혜가 은혜되기 위해서는 믿음이 필요합니다. 2,000년 전에 일어난 예수 그리스도의 십자가 사건이 나의 사건으로 경험되려면 '믿음'이 요구됩니다. 기독교에서 그토록 믿음을 강조하는 이유입니다. 마이클 그린은 예수 그리스도의 십자가 사건이 죄인인 우리와 하나님과의 관계를 회복시킨다고 말합니다. "이 관계의 회복은 자동적으로 이뤄지는 것이 아니다. 우리의 손을 구주 예수님의 피 묻은 손에 뻗어야 한다. 그래야만 비로소 하나님과 올바른 관계가 형성되기 시작한다."[14]

그는 누가복음에 나오는 두 강도의 경우를 예로 듭니다. "십자가에 달린 한 강도도 성 금요일에 구원을 얻었다. 그러므로 어느 누구도 낙심할 필요는 없다. 그러나 두 강도 중에 한 사람만 구원을 얻었다는 점을 기억해야 한다. 믿음이 없이는 아무도 구원을 얻지 못한다."[15]

믿음이 참으로 중요합니다. 조시 맥도웰은 하나님의 은혜는 그분이 "값없이 베풀어주시는 호의"이고, 믿음은 "그분의 은혜를 받으려고 팔을 뻗는 것"[16]이라 표현했습니다. 우리를 구원하시려고 하나님은 아무런 조건 없이 당신의 아들을 십자가에서 죽게 하셨습니다. 이것은 말로 설명할 수 없는 엄청난 호의이기에 은혜라고 표현합니다. 믿음은 이 하나님의 은혜를 내 것으로 받아들이기 위해 마음을 열고 하나님께 손을

---

14) 마이클 그린, 『텅빈 십자가』 (서로사랑, 2007), p. 274.
15) Ibid.
16) 조시 맥도웰, 『기독교 교양, "믿음의 기초는 무엇인가?"』 (규장, 2006), p. 44.

내미는 것을 의미합니다.

이를 위해서 신약성경의 십자가 사건은 진정 나를 위한 사건이며, 예수님은 진정으로 인간을 위해 하나님이 보내신 구세주로 인정하고 받아들이는 것이 중요합니다. 우리의 믿음은 맹목적인 것이 아닙니다. 무엇이 옳은지 그른지 따지지 않고 무조건 믿는 것은 기독교 신앙이 아닙니다. '예수님이 그분 자신의 주장대로 하나님의 아들이시며, 우리의 구주라는 사실을 우리가 믿느냐?' 하는 것이 중요합니다.[17] 이것이 믿어지면 하나님이 주시는 구원의 선물을 받아들일 수 있지만, 믿어지지 않으면 나는 구원과 아무 상관이 없습니다.

믿음 자체가 우리를 구원하는 것은 아닙니다. 그러나 이 믿음은 하나님이 예수 그리스도의 십자가 사건을 통해 우리에게 준비해 놓으신, 구원의 선물을 받아들이는 통로라는 차원에서 대단히 중요합니다. 큰 믿음이 없어도 됩니다. 겨자씨만한 믿음만 있어도 됩니다. 중요한 것은 성경이 말씀하는 대로 '예수 그리스도가 십자가 희생을 통해 나를 구원해 주실 능력이 있음을 내가 믿는가?' 하는 것입니다. 이 믿음이 있으면 우리는 믿음의 크기와 상관없이 구원받습니다. 그러나 이 믿음이 없으면 구원에 이르지 못합니다.

성경은 말합니다. "너희는 그 은혜에 의하여 믿음으로 말미암아 구원을 받았으니 이것은 너희에게서 난 것이 아니요 하나님의 선물이라" 에베소서 2:8.

---

17) 조시 맥도웰, 『기독교 교양, "믿음의 기초는 무엇인가?"』 (규장. 2006), p. 44.

구원은 하나님의 선물이지만 믿음으로 주어집니다. 그리고 그 믿음조차 하나님의 은혜로 주어지므로 '믿음의 은혜'를 사모해야 합니다.

이 사실이 믿어지십니까? 2,000년 전에 유대 땅에서 십자가에 못 박혀 돌아가신 예수 그리스도가 나를 위한 구세주가 되실 수 있다는 사실이 믿어지십니까? 일반적으로 "인간의 모든 사건은 상대적인 의미밖에 없습니다. 시간과 공간을 초월하여 절대적인 의미를 가지지 않습니다."[18] 그렇다면 2,000년 전에 유대 땅에서 일어난 예수님의 십자가 사건이 왜 오늘을 사는 우리에게 적용되며 효력을 발휘할까요?

김세윤 교수는 예수님의 부활 사건 때문이라고 설명합니다. 부활은 자연적인 사건이 아니라 우주 밖의 초월자가 직접 개입하여 생명을 준 창조의 사건이기에 인간의 시간과 공간 밖에 있는 초월자 사건입니다. 그렇기에 예수님의 부활은 절대적인 의미를 갖게 되고 이 부활을 가져온 예수님의 십자가 사건도 절대적인 사건인 것입니다.[19]

그러므로 예수 그리스도의 십자가 사건이 일어난 지 2,000년이 지났고, 예수께서 십자가에 못 박히실 때 우리가 직접 갈보리 언덕의 그 장소에 있지 않았더라도, 지금 예수님의 십자가 사건을 믿으면 그 십자가 사건이 바로 나를 위한 사건이 되는 것입니다.

이것이 십자가의 놀라운 능력입니다. 그러므로 믿음은 대단히 중요합니다. 이 믿음이 "예수 그리스도 안에서 일어난 하나님의 객관적인

---

18) 김세윤, 『구원이란 무엇인가』 (참말, 1993), p. 45.
19) Ibid., pp. 45-46.

구원 사건이 우리에게 효력을 발생하게 하는 수단"[20]이기 때문입니다. 다시 말해 예수님의 십자가 사건을 믿고 그것을 마음으로 받아들일 때, 2,000년 전에 십자가에서 흘리신 예수 그리스도의 피가 오늘 나의 마음속에 있는 모든 죄악을 깨끗하게 씻어내는 보배로운 피로 효력을 발휘하는 것입니다.

존 스토트는 예수께서 최후의 만찬 순간에 이미 자신의 죽음을 극화해 미리 보여 주시면서, 제자들에게 자신의 죽음에 동참하라는 메시지를 전달했다고 말합니다. 이 극drama은 무대 위에 한 명의 배우가 있고, 열두 명의 제자는 관객으로 있는 극이 아니었습니다. 그 극은 예수뿐 아니라 제자들까지도 함께 배역을 맡고 있었습니다.[21]

예수님의 죽음을 상징하는 떡과 포도주를 예수와 함께 먹고 마신 것입니다. 그리스도께서 그들을 위해 죽으시는 것만으로는 충분하지 않고, 그들 각자가 주님의 죽음의 유익을 자기 것으로 삼아야 한다는 사실을 보여줍니다.[22] 믿음으로 그것을 완전히 나의 것으로 받아들여야 합니다. 다시 말해서 2,000년 전에 객관적으로 일어난 십자가 사건을 오늘 주관적으로 체험해야 합니다.

"거기 너 있었는가 그 때에, 주가 십자가에 못 박힐 때"Were you there when they crucified my Lord?라는 유명한 흑인 영가가 있습니다. 물론 우리가 거기 있을 수는 없습니다. 십자가 사건은 우리가 태어나기 2,000년

---

20) 김세윤, 『구원이란 무엇인가』 (참말, 1993), p. 55.
21) 존 스토트, 『그리스도의 십자가』 (IVP, 1988), p. 87.
22) Ibid.

전에 일어난 사건이기 때문입니다. 그러나 동시에 우리가 그 자리에 있었다는 사실을 깨달아야 합니다. 존 스토트의 지적처럼 우리는 "단순히 구경꾼으로만 거기에 있었던 것이 아니라, 음모를 품고, 계획을 세우고, 배반하고, 흥정하고, 넘겨주어서 그를 십자가에 못 박히게 한, 그 모든 일에 참여한 유죄의 가담자로"[23] 거기에 있었던 것입니다.

이 사실을 깨닫게 될 때 거룩하신 주님을 십자가에 넘겨준 우리의 죄를 철저하게 회개하고, 주님과 함께 십자가에 못 박히는 경험을 하며, 그로 인해 구원의 은혜를 누리게 됩니다.

네덜란드의 화가 렘브란트Rembrandt는 성화를 많이 그린 것으로 유명한데, 그 중 예수께서 십자가에서 돌아가시는 장면을 그린 그림이 있습니다.

마리아와 사람들이 예수님이 고통당하는 십자가 아래서 울며 두려워하는 모습을 그렸는데, 한 사람 한 사람의 표정이 실감납니다. 그런데 그림 한쪽 구석에, 2,000년 전 당시의 유대 사람과는 전혀 관계가 없는 사람의 얼굴이 그려져 있습니다. 바로 렘브란트 자신입니다. 이것은 렘브란트의 신앙 고백을 보여주는 것입니다. '예수 그리스도가 십자가에 돌아가시는 현장에, 거기에 내가 있었다.'

전 댈러스 제일침례교회 목사 크리스웰W. A. Criswell이 해준 이야기입니다. "꿈 속에서 나는 구세주를 보았다. 그의 등은 벌거벗겨져 있었

---

23) 존 스토트, 『그리스도의 십자가』 (IVP, 1988), p. 74.

고, 손을 치켜든 군인은 그 끔찍한 9개의 끈을 단 채찍으로 등을 내리치고 있었다. 꿈에, 나는 군인을 말리기 위해 그의 팔을 잡았다. 내가 그렇게 하자, 군인은 놀라서 나를 뒤돌아보았다. 내가 그를 쳐다보았을 때, 나는 그가 나 자신이었음을 알았다."[24]

얼마나 놀라운 이야기입니까? 예수 그리스도를 십자가에 못 박게 한 그 장본인이 로마 군인이 아닌 나 자신, 즉 나의 죄가 주님을 못 박게 했다는 사실을 깨달을 때 진정한 구원이 임합니다.

이와 비슷한 제 동생의 이야기를 하나 더 하고자 합니다. 라원준 목사는 현재 어린이 전도협회 파송 선교사로 아시아태평양(AP) 지역 책임자로 섬기면서 전 세계의 수많은 어린 영혼들을 구원하고, 그들을 돌보는 교사를 양성하는 데 삶을 바치고 있습니다. 다음의 이야기는 제 동생이 쓴 『하나님의 비하인드 스토리』라는 책을 참고한 이야기입니다.

동생은 저와 중고등부 때 교회를 다니게 되었는데, 모태 신앙이 아니다 보니 교회에서 고등부 회장까지 했지만 신앙적인 확신을 가지지 못했다고 합니다. 그런데 대학 1학년 때 예수 그리스도를 인격적으로 영접하게 된 놀라운 계기가 있었습니다. 동생이 다니던 교회에서 부흥 집회를 하는데 시각 장애인 목사가 부흥 강사로 오셨습니다. 강사 목사가 설교 후 기도 전에 찬양을 하는데, 갑자기 찬양 가사가 동생의 마음을

---

24) 척 스윈돌, 『척 스윈돌의 설교 예화 1500선』 (디모데, 1998), p 510.

깊이 파고들었습니다.

"그 때 그 무리들이 예수님 못 박았네
녹슨 세 개의 그 못으로
망치소리 내 맘을 울리면서 들렸네
그 피로 내 죄 씻었네."

성령께서 동생의 마음에 '그 때 그 무리'가 바로 자신임을 환하게 밝혀 주셨고, 자신의 죄로 인해 예수님이 십자가에 못 박혔다는 사실을 마음 깊이 깨닫고 고백하게 되었다고 합니다.[25]

"주여 저들의 죄를 용서하여 주소서
주님 눈물로 기도했네
귀중한 그 보배 피 나를 위해 흘렸네
그 피로 내 죄 씻었네."

이 찬양을 통해 동생은 주님의 보혈로 자신의 모든 죄가 사함받았다는 놀라운 깨달음을 얻었고, 이로 인해 감격에 겨워 눈물로 찬양했으며 이어지는 기도 시간에 자신의 마음과 삶을 주님께 드렸다고 합니다.[26]

---

25) 라원준, 『하나님의 비하인드 스토리』 (예영커뮤니케이션, 2008), p. 21.
26) Ibid., pp. 21-22.

이 사건은 그를 완전히 거듭나게 했고, 하나님은 동생을 아시아 태평양 지역의 수많은 영혼을 구원하는 국제적인 사역자로 사용하고 계십니다. 이것은 2,000년 전의 예수 그리스도의 십자가 사건이 '오늘 나를 위한 사건'으로 경험되어졌기에 가능한 일입니다.

그래서 믿음이 중요합니다. 이런 일을 가능하지 해주는 것이 바로 믿음이기 때문입니다. 그래서 알리스터 맥그래스는 믿음의 중요성을 이렇게 표현합니다. "믿음을 통해 신자는 그리스도와 더불어 다음과 같은 놀라운 관계를 갖게 된다. 즉 그리스도의 죽음과 부활을 통해 발생한 모든 것이 현재 이 곳에서 개인을 통해 반복될 수 있다는 것이다."[27]

물론 이 사실이 믿어지게 만드시는 분은 성령님이십니다. 성령님이 나에게 임하시면 2,000년 전 먼 유대에서 일어난, 나와 상관없다고 생각했던 예수 그리스도의 죽음이 바로 나를 위한 십자가 사건으로 믿어져서, 지금 여기 here and now 에서 나를 구원하는 능력의 십자가로 역사하는 것입니다. 이것이 바로 하나님의 놀라운 은혜입니다.

십자가 사건은 하나님의 비밀이기에 인간의 지식과 지혜로는 알 수 없습니다. 성령님이 계시로, 깨달음의 영으로 임하셔야 합니다. 성령께서 깨달음을 주시는 방법은 다양합니다. 찬양을 듣다가, 성경을 보거나 설교를 듣는 중에, 어떤 사람은 기도 가운데 깨닫습니다. 방법은 어떻든 성령께서 깨닫게 해주셔야 합니다. 그래서 우리는 성령님을 더욱 의지해야 합니다.

---

27) 알리스터 맥그래스, 『십자가로 돌아가라』 (생명의말씀사, 2007), p. 204.

자유주의 신학의 영향으로 십자가 사건을 믿지 못한 채 목사가 된 윌리엄 쿠퍼William Cowper는 고난 주간을 앞둔 어느 토요일에, 교회 주보를 들여다보다가 구원을 받았습니다. 그 주일 설교 제목이 '누가 예수를 죽였는가'였습니다. 그런데 그 아래 기록된 설교자 이름이 '윌리엄 쿠퍼 목사'였습니다. 주보를 한참 바라보던 그는 갑자기 자신의 죄가 예수님을 돌아가시게 했다는 사실에 통곡하면서 엎드려 주님을 자신의 구주로 고백했습니다.

예수님의 십자가 사건이 나를 위한 사건으로 믿어지는 것은 큰 은혜입니다. 이 사실이 믿어지지 않는 사람은 성령께 이 믿음을 달라고 간절히 구해야 합니다. 이 사실이 믿어지지 않으면 구원받지 못하기 때문입니다. 그러므로 이 기도는 그 어떤 기도보다 가장 먼저 해야 할 기도입니다. 우리가 간절히 기도하면 하나님은 반드시 구원에 필요한 믿음을 주십니다. 왜냐하면 하나님은 "모든 사람이 구원을 받으며 진리를 아는 데에 이르기를"디모데전서 2:4 원하시기 때문입니다.

"인생은 사십부터가 아니다.
이십부터도 아니다.
인생은 십자가로부터다."
– 쇠렌 키에르케고르 –

구원의 확신

신앙생활을 하는 데 있어서 가장 중요한 것이 무엇일까요? 바로 구원의 확신입니다. 구원의 확신이 중요한 이유는 이것이 흔들리는 사람은 능력있는 신앙생활을 하지 못하기 때문입니다. 신앙생활의 궁극적인 목적이 바로 구원이기에, 여기에 대한 확신이 없는 사람은 늘 불안한 가운데 신앙생활을 할 수밖에 없습니다.

어떤 사람은 구원의 확신은 이 땅에서는 알 수 없고 죽어야 알 수 있다고 이야기합니다. 그러나 그렇지 않습니다. 성경에 이런 말씀이 있습니다. "또 증거는 이것이니 하나님이 우리에게 영생을 주신 것과 이 생명이 그의 아들 안에 있는 그것이니라 아들이 있는 자에게는 생명이 있고 하나님의 아들이 없는 자에게는 생명이 없느니라 내가 하나님의 아들의 이름을 믿는 너희에게 이것을 쓰는 것은 너희로 하여금 너희에게 영생이 있음을 알게 하려 함이라" 요한일서 5:11-13.

요한일서를 기록한 목적은 우리에게 영생이 있음을 알게 하기 위함이라고 합니다. 구원의 확신을 가진다는 것은 바로 이 사실을 믿는 것입니다. 예수 그리스도 안에 하나님이 허락하신 영원한 생명이 있으므로 그 예수님을 내가 믿는다면 그 영원한 생명이 나의 것이 되었다는 사실을 확신하는 것, 그것이 바로 구원의 확신입니다.

그러므로 구원의 확신의 근거는 바로 하나님의 신실하심입니다. 더 구체적으로 말하면 하나님의 말씀의 신실하심입니다. 하나님은 한 번 했던 말을 번복하거나 취소하는 일이 없습니다. 그러므로 하나님이 말씀하신 대로 예수 그리스도를 믿는 자는 구원을 얻는다는 약속은 영원히 변하지 아니할 것입니다. 이것이 바로 구원의 확신의 근거가 되는 것입니다.

어떤 우주 비행사가 달나라 여행을 마치고 돌아온 후 한 기자에게 이런 질문을 받았습니다. "당신이 우주에 무사히 다녀오는 데 있어서 가장 많이 의존한 것은 무엇입니까? 최신식 과학 기술입니까? 첨단 우주 로켓입니까? 아니면 당신이 가지고 있는 과학적 지식입니까?"

그 질문에 우주 비행사는 고개를 저으며 이렇게 대답했습니다. "그 어떤 것도 아닙니다. 제가 가장 신뢰했던 것은 하나님의 신실하심이었습니다."

무슨 뜻입니까? 하나님은 우주의 법칙을 만드셨습니다. 관성의 법칙, 중력의 법칙, 별들의 운행 법칙. 이러한 법칙들이 불변하기에 우주 비행사는 마음 놓고 우주 여행을 즐길 수 있었다는 것입니다.

정말 옳은 이야기입니다. 하나님의 불변하심과 신실하심은 우리 삶의 중요한 기초입니다.

이것은 구원에 있어서도 마찬가지입니다. 죽어 보지 않았는데 어떻게 죽는 순간 천국에서 분명히 눈을 뜰 것을 알 수 있습니까? 그것은 하나님이 신실하시기에 하나님의 약속도 변함없이 신실할 것임을 믿는 믿음으로 알 수 있습니다. 예수님을 믿는 자는 영생을 얻었다고 성경이 말씀하기 때문에 이 말씀에 근거해서 구원의 확신을 가질 수 있는 것입니다.

"구원을 확신하는 것은 거만한 태도가 아니다.
그것은 우리의 믿음이다. 교만이 아니라 경건이다.
가정이 아니라 하나님의 약속이다."

_ 성 어거스틴

5 내 속에서 본 십자가

십자가를 두고 우리가 취할 수 있는 것은 두 가지밖에 없다.
하나는 피해 도망하는 것이고, 다른 하나는 그 위에서 죽는 것이다.

_ 토저 A. W Tozer

다시 보는 십자가

자기 부인의 중요성

두 종류의 죽음

십자가를 통한 자기 이해

5

내 속에서 본 십자가
_ 자기 부인

"내가 그리스도와 함께 십자가에 못 박혔나니 그런즉 이제는 내가 사는 것이 아니요 오직 내 안에 그리스도께서 사시는 것이라 이제 내가 육체 가운데 사는 것은 나를 사랑하사 나를 위하여 자기 자신을 버리신 하나님의 아들을 믿는 믿음 안에서 사는 것이라."
_ 갈라디아서 2:20

'내 속에서 본 십자가', 이 십자가는 내 속에서 '자기 부인'이 일어나게 역사하는 십자가입니다. 2,000년 전에 일어났던 예수 그리스도의 십자가 사건을 오늘 나에게 적용시켜 주시는 분은 성령님이십니다. 성령님의 역사로 예수 그리스도의 십자가가 가슴 속에 들어오면 어떤 일이 일어납니까?

더 이상 예전과 같은 사람이 될 수 없습니다. 삶이 바뀌고, 가치관이 바뀝니다. 좀더 극단적으로 말하면 과거의 자신은 죽고 완전히 새로운 사람이 됩니다.

1. 자기 부인의 중요성

기독교에서 자기 부인은 너무나 중요한 주제입니다. 예수 그리스도의 십자가를 받아들이고 하나님의 뜻대로 살기 위해서는 '자기 부인'의 과정이 필수입니다. 요한 아른트는 자기 부인이 필요한 이유를 "사람이 육체를 죽이는 만큼 영이 살게 되고, 자기 자신에 대해 죽는 만큼 그리스도께서 그 안에 사신다."[1]라는 말로 설명했습니다. 자신을 비워야 하나님의 영으로 채워질 수 있습니다.

토저는 "이기적인 자아가 죽어야 하나님이 인간의 삶 속에서 온전한 영광을 받으실 수 있다."[2]고 하면서, 예수 그리스도는 자아를 교육하고 관용하고 세련되게 하기 위해서가 아니라 자아를 끝장내기 위해 이 땅에 오셨다고 했습니다.[3] 그는 십자가가 상징하는 의미에 대해 이렇게 설명합니다.

> "십자가는 죽음에 대한 상징이다. 십자가는 인간 존재의 돌발적이고 폭력적인 마지막을 상징한다. 로마 시대에, 자기 십자가를 지고 길을 걸어가는 사람은 이미 친척과 동료들에게 작별인사를 마친 사람이다. 그는 이제 다시 돌아오지 못할 길을 가고 있다. 그 사람의 목숨은 이제

---

1) Johann Arndt, *True Christianity*. Trans. Peter Erb. *Mahwah* (Paulist Press, 1979), pp. 279-280.
2) A. W. 토저, 『내 자아를 버려라』 (규장, 2008), p. 26.
3) Ibid., p. 27.

끝났다. 그는 마지막을 향해 가는 사람이다. 십자가는 조금의 양보도 없고, 수정할 수도 없고, 인정도 없다. 십자가는 사람을 죽인다. ……하나님은 그 사람을 죽여 없애심으로 구원하신다. 그리고 새 생명으로 다시 일으키신다."[4]

신앙의 첫 단계인 믿음 자체도 자기 부인에서 시작됨을 알아야 합니다. 믿음이란 '하나님의 약속을 믿는 것'이요 하나님의 말씀을 받아들이고 그분을 신뢰하는 것입니다. 그렇기 때문에 믿음의 준비 단계는 '자기 부인'입니다. 인간은 스스로를 믿을 수 없으며 자기 자신과 자기의 모든 선한 일에 대한 믿음에서 벗어나겠다는 고백에서부터 하나님의 약속의 말씀을 받아들일 준비가 되기 때문입니다.[5] 예수 그리스도의 십자가 복음을 받아들이기 위해서는 자기 자신을 믿고 의지하던 삶의 자세를 버리고, 오직 하나님 한 분만을 철저히 의뢰하고 그분의 말씀에 전폭적으로 삶을 맡기는 자세가 필요합니다. 또한 예수 그리스도를 믿고 난 뒤에도 계속적인 자기 부인이 필요합니다. 주님을 만나면 이제껏 살아왔던 삶의 방식이 아닌 주님이 원하시는 삶의 방식을 따라야 하기 때문입니다.

그래서 월터 트로비쉬는 "그리스도는 우리를 있는 그대로 받아주시지만, 일단 그분이 받아주시면 우리는 있는 그대로 남아 있을 수 없

---

4) 데이비드 보이드 롱, 『십자가 그 참된 의미』 (크리스찬투게더, 2003), p. 106.
5) 찰스 스펄전, 『회심을 위한 불 같은 외침』 (지평서원, 2003), p. 252.

다."[6]고 했습니다. 십자가를 만났는데 여전히 과거와 똑같은 사람이라면, 우리는 아직 십자가를 만나지 않은 것입니다.

십자가는 한마디로 사형 틀입니다. 본 훼퍼는 "하나님이 우리를 십자가로 부르실 때는 우리에게 와서 죽으라고 하는 것이다."라고 했습니다. 즉 과거의 자아는 죽고 이제 예수 그리스도 안에서 새로운 삶을 시작하라고 명령하신다는 것입니다. 사도 바울은 갈라디아서 2:20에서 "내가 그리스도와 함께 십자가에 못 박혔나니 그런즉 이제는 내가 사는 것이 아니요 오직 내 안에 그리스도께서 사시는 것"이라고 표현했습니다.

이것은 나의 존재 자체가 완전히 없어진다는 의미는 아닙니다. 존 스토트는 "우리의 '자아'는 선과 악, 영광과 수치가 혼합된 복합적 실재이며, 그 때문에 우리 자신에 대해 보다 미묘한 태도를 개발시킬 것을 요구받는다."[7]고 합니다.

다른 말로 하면 우리 속에는 하나님의 형상과 타락에 의해 손상된 하나님의 형상, 즉 '타락된 자아'가 양립하고 있다는 것입니다. 그러므로 우리가 우리 자신을 부인하고 십자가에 못 박는다고 할 때 포기하고 내어 놓아야 할 것은 '타락된 자아'입니다. 이 부분에 관한 그의 부연 설명을 자세히 살펴봅니다.

---

6) Walter Trobisch, *Love Yourself* (Downers Grove, III, InterVarsity Press, 1976), p. 26.
7) 존 스토트, 『그리스도의 십자가』 (IVP, 1988), p. 352.

"우리의 자기 이해에는 대단한 분별력이 필요하다. 나는 누구인가? 나의 '자아'는 무엇인가? 그 대답은 내가 지킬 박사와 하이드, 즉 하나님의 형상으로 창조되었고 그의 형상으로 재창조되었기에 가지는 존엄성과, 여전히 타락하고 반항적인 성품을 갖고 있기에 가지는 부패함을 동시에 갖고 있는 혼란스러운 존재라는 것이다. 나는 동시에 고상하기도 하고 비천하기도 하며, 아름답기도 하고 추하기도 하며, 선하기도 하고 악하기도 하며, 올바르기도 하고 비뚤어져 있기도 하다. 하나님의 자녀요 하나님의 형상이면서도 때로는 그리스도께서 우리를 마귀의 손아귀로부터 구원해 주신 바로 그에게 아부하며 충성을 맹세한다. 나의 참된 자아는 창조에 의해 된 나로서 그리스도께서 구속하러 오신 것이요 부르심에 의해 된 것이다. 나의 그릇된 자아는 타락에 의해 된 나로서 그리스도께서 멸망시키러 오신 것이다."[8]

이것이 기독교가 불교와 다른 점입니다. 불교는 자신을 비우기를 요구합니다. 자기를 온전히 부정하라고 합니다. 자아가 존재하지 않는 상태가 바로 해탈입니다.

그러나 기독교에서는 자신을 부인한다고 자신이 완전히 없어지는 것이 아닙니다. 오히려 하나님 안에서 타락된 자신은 버리고 참된 자신을 발견하는 것입니다. 그래서 기독교인의 "참된 자기 부인, 타락한 자아의 부인은 자멸의 길이 아니라 자기 발견의 길"[9]이라고 할 수 있

---

8) 존 스토트, 『그리스도의 십자가』(IVP, 1988), p. 355.

습니다.

그러면 구체적으로 부인해야 할 부분은 어디일까요? 인간의 영혼은 지성과 의지와 감정으로 이루어져 있어서 이 모든 부분에서 자신을 부인해야 합니다.

먼저는 지성입니다. 인간의 지성은 한계가 있고 부패해 있습니다. 교만한 인간의 이성은 스스로를 높이고 하나님마저 자기 마음대로 판단하려는 경향이 있습니다.[10]

그래서 성경은 "하나님 아는 것을 대적하여 높아진 것을 다 무너뜨리고 모든 생각을 사로잡아 그리스도에게 복종하게 하니" 고린도후서 10:5 라고 말합니다. 우리는 인간 이성이 주는 지혜를 자랑하지 말고 하나님의 지혜를 따라가야 합니다. 이를 위해 늘 자신의 잘남과 똑똑함을 자랑하거나 의지하지 말고 성령님의 음성과 하나님의 말씀을 통한 인도하심을 구해야 합니다.

또한 우리의 감정을 십자가에 못 박아야 합니다. 성경은 "그리스도 예수의 사람들은 육체와 함께 그 정욕과 탐심을 십자가에 못 박았느니라" 갈라디아서 5:24 고 합니다. 쾌락에 탐닉하거나 풍요로움을 즐기고자 하는 감정에서도 자신을 부인해야 합니다.[11] 금욕적인 삶을 의미하는 것이 아닙니다. 그러나 그리스도인이라면 저급한 육신의 욕망이나 쾌락의 감정을 따라서는 안 됩니다. 감정에 따라 살지 않도록 우리의 감

---

9) 존 스토트, 『그리스도의 십자가』 (IVP, 1988), p. 352.
10) 노병기, 『거룩한 구원』 (예영커뮤니케이션, 2007), p. 121.
11) George Whitefield, *The Extent and Reasonableness of Self-Denial*. in WGW, p. 246.

정마저 십자가에 못 박아야 합니다.

또한 우리의 의지를 십자가에 못 박아야 합니다. 예수님을 믿기 전의 우리는 자신의 뜻만을 추구하며 살아왔던 존재입니다. 그러나 이제부터는 전적으로 하나님의 뜻에 맞추어 살아야 합니다.[12] 하나님이 우리 삶의 주인이심을 인정해야 하며, 우리의 뜻보다 하나님의 뜻이 언제나 옳다는 사실을 겸손하게 인정해야 합니다.

이 부분은 예수께서 이미 모범을 보이셨습니다. "이르시되 아버지여 만일 아버지의 뜻이거든 이 잔을 내게서 옮기시옵소서 그러나 내 원대로 마시옵고 아버지의 원대로 되기를 원하나이다 하시니" 누가복음 22:42 인류를 구원하기 위한 하나님의 뜻과 계획을 이루어 드리기 위해서 예수님은 철저히 자신의 뜻과 의지를 내려놓았습니다.

예수 그리스도를 따르는 사람은 이 같은 예수님의 모범을 본받아야 합니다. 그래서 십자가를 온전히 받아들이면 우리의 삶에 혁명적인 변화가 일어납니다. 십자가는 더 이상 자신의 유익이나 이익을 위해서 사는 것이 아니라 오로지 하나님의 영광을 위해 살게 해주기 때문입니다.

예수님을 믿고 놀라운 변화를 가져온 사람의 이야기는 끝이 없습니다. 어윈 루처는 예수 그리스도를 믿음으로 자신의 삶을 부인한 두 사람의 이야기를 전해 줍니다.

첫 번째는 어떤 건축업자의 이야기입니다. 예수님을 믿고 난 어느

---

12) 노병기, 『거룩한 구원』 (예영커뮤니케이션, 2007), pp. 121-122.

날, 자신이 지난 4년 동안 저가의 건축재를 사용해 부실 공사를 한 것이 잘못 되었다는 사실을 깨닫게 되었습니다. 그는 자신의 저축을 몽땅 털고 집을 저당잡혔습니다. 그리고 나서 해당되는 모든 집주인에게 돈을 돌려주었습니다.[13] 그로 인해 엄청난 재정적 손실을 입었지만 마음은 기쁨으로 넘쳤습니다. 이는 자신을 철저히 부인하지 않으면 절대로 할 수 없는 일입니다.

두 번째는 존 클레이풀 John Claypool이라는 사람입니다. 그는 십대 때 아무 이유 없이 사람을 죽였습니다. 그 후 결혼하고, 자녀를 낳았고 자신의 범죄 행위를 아무에게도 말하지 않기로 굳게 결심하였습니다.

그러다가 예수 그리스도를 구세주로 영접하였습니다. 그 뒤에 자신이 할 일이 무엇인지 알았습니다. 살인을 저지른 지 무려 22년이 지난 1997년에, 존은 자수하였고 감옥에 들어갔습니다. 그는 지금 살인범으로 형을 살고 있지만, 자신의 어깨를 짓누르던 죄의 무게가 사라진 것으로 인해 하나님께 감사한다고 고백합니다.[14]

이것이 예수 그리스도를 믿고 올바른 자기 부인을 한 사람들의 실례입니다. 물론 우리 주위에는 이렇게 거창하게 자기 부인을 하지 않은 그리스도인도 많이 있습니다. 그러나 그 모양과 형태는 어떠하든지 중요한 것은 예수 그리스도를 믿고 예수님의 십자가를 우리 삶의 중심에 받아들였다면, 더 이상 자기의 유익을 좇아 살아서는 안 된다는 것입니

---

13) 어윈 루처, 『나는 너를 용서하였다』 (디모데, 2004), p. 96.
14) Ibid., pp. 97-98.

다. 우리 삶의 모든 존재의 목적과 이유가 하나님께 영광 돌리는 것이 되어야 합니다.

2. 두 종류의 죽음

앤드류 머리는 십자가를 바라볼 때 "'나를 위해 십자가에 못 박히신 그리스도'라고만 고백하지 말고 '우리가 그리스도와 함께 십자가에 못 박혔다.'고 고백할 수 있어야 한다."[15]고 했습니다.

그러면 우리가 '그리스도와 함께 십자가에 못 박혔다.'는 것은 무엇을 의미합니까? 우리가 예수님처럼 실제로 십자가에 매달려 죽어야 한다는 의미는 아닙니다. 이는 "그분과 동일화되며 그분이 우리를 위해 죽으셨음을 믿음으로 그분과 연합되는 것"[16]을 의미합니다.

십자가에서 죽는다는 것에는 두 가지 의미가 있습니다. 먼저는 단번에 죽는 죽음입니다. "내가 그리스도와 함께 십자가에 못 박혔나니 그런즉 이제는 내가 사는 것이 아니요 오직 내 안에 그리스도께서 사시는 것이라 이제 내가 육체 가운데 사는 것은 나를 사랑하사 나를 위하여 자기 자신을 버리신 하나님의 아들을 믿는 믿음 안에서 사는 것이라" 갈라디아서 2:20.

---

15) 앤드류 머리, 『십자가와 하나님 나라』 (예루살렘, 2009), p. 184.
16) 데렉 티드볼, 『십자가』 (IVP, 2003), p. 339.

바울은 자신이 그리스도와 함께 단번에 십자가에 못 박혔다고 합니다. 예수 그리스도의 십자가 사건을 믿음의 눈으로 보았을 때, 예수님이 죽으시는 그 순간 바울 자신도 십자가에 달려 죽었다는 사실을 깨닫게 된 것입니다. 이것이 대표성의 원리입니다.

예수께서 인류의 대표로 십자가에 달려 죽으셨기에, 그 사실을 믿는 사람은 누구나 죄악 된 자신의 자아가 십자가에 달려 죽는 은혜를 체험합니다. 율법의 지배를 받는 옛 사람이 죽었으니 이제 율법이 주는 정죄를 받지 않고 예수 그리스도의 공로를 힘입어 하나님 앞에서 거룩한 자로 설 수 있게 됩니다. 이것이 죄 사함의 은혜이고 칭의稱義의 은혜입니다.

그런데 그것이 전부가 아닙니다. 하나님 앞에서 의롭다 함을 받는 칭의는 한순간에 일어나지만, 하나님 앞에 성화聖化되고 예수님의 형상을 닮아가는 것은 우리의 전 인생을 통하여 일어납니다. 그래서 데렉 티드볼은 바울이 우리 자신을 십자가에 못 박는다고 할 때 두 가지 방식으로 표현한다는 사실에 주목합니다.

첫 번째 방식은 갈라디아서 2:20의 말씀처럼 단번에 십자가에 못 박히는 일입니다. 우리가 자신을 못 박는 것이 아니라, '그리스도와 함께 십자가에 못 박혔다.'는 수동태로 표현됩니다. 이것은 그리스도가 우리 대신 죽으심으로 말미암아 어떤 일이 우리에게 일어났다는 것을 표현합니다.[17] 즉 예수 그리스도가 우리를 위해 죽으신 사실을 믿음으로 받아들이는 순간, 우리는 신비한 방식으로 그리스도와 연합되며 이로 인해 십자가에서 주님과 함께 죽음을 경험하게 됩니다.

동시에 데렉 티드볼은 십자가의 죽음에 대한 바울의 다음과 같은 표현에 주목하라고 합니다. "그리스도 예수의 사람들은 육체와 함께 그 정욕과 탐심을 십자가에 못 박았느니라"갈라디아서 5:24. '못 박힌' 것이 아니라 '못 박았다.'는 능동태 표현이 사용되었습니다. 우리 쪽에서 무엇인가 해야 한다는 말입니다.[18] 티드볼은 이 두 가지를 이렇게 비교합니다.

"전자는 완성된 행동으로, 하나님 앞에서 우리의 지위를 변화시키는 사건이 영 단번에 일어나는 것에 대해 말한다. 후자는 지속적인 행동으로, 우리가 그리스도처럼 될 때까지 성품의 변화를 이루는 과정에 대해 말한다. 그리스도와 함께 죽는다는 것은 즉각적인 칭의와 점진적인 성화 둘 다를 의미한다."[19]

이것은 십자가 위에서 죽는 사람의 죽음을 생각해 보면 더 깊이 이해할 수 있습니다. 티드볼의 이야기를 조금 더 들어보겠습니다.

"십자가에는 죽음에 대한 두 가지 이미지가 있다. 첫째로, 십자가에 달리면 죽게 되는데 그러면 원 상태로 되돌릴 수 없다. 그것은 결정적이고 철회할 수 없는 일이다. 둘째로, 십자가에 달리면 교수형이나 총살형의 경우처럼 즉각 죽는 것이 아니라 서서히 죽게 된다. 십자가에 달

---

17) 데렉 티드볼, 『십자가』(IVP, 2003), p. 341.
18) Ibid.
19) Ibid.

려 죽는 것은 시간이 걸린다. 바울이 우리가 그리스도와 함께 죽었다는 것과 날마다 육체를 십자가에 못 박아야 한다는 것 둘 다를 말한 것은 전적으로 타당하다."[20]

우리는 이것을 늘 기억해야 합니다. 우리는 예수 그리스도를 믿음으로 주님의 죽음에 동참하여 새로운 생명을 얻었습니다. 내가 노력해서 성취한 것이 아닙니다. 전적인 하나님의 은혜입니다. 그러나 하나님의 은혜로 새 생명을 얻은 우리는 이 땅에서 해야 할 일이 있습니다. 그것은 날마다 주님의 모습을 닮아가는 것입니다. 이를 위해서 날마다 자신의 죄 된 습관을 버리고 영적으로 성장해야 합니다. 이것은 평생에 걸쳐서 해야 할 일입니다.

지금까지 한국교회는 '예수께서 십자가에 못 박힌 것'을 강조해 왔습니다. 이것은 우리에게 구원을 주는 사건이기에 아무리 강조해도 지나치지 않습니다. 그러나 그것은 기독교라는 진리 전체에서 볼 때 반쪽짜리 복음이라는 사실을 알아야 합니다. 그 다음 단계로 우리가 '예수님과 함께 십자가에 못 박히는 단계'가 있어야 완전한 복음이 될 수 있습니다.[21]

지금까지 한국교회가 사람들의 지탄을 받은 것은 '나 중심의 신앙생활' 때문이라고 할 수 있습니다. 십자가에 달리신 예수 그리스도를 믿

---

20) 데렉 티드볼, 『십자가』 (IVP, 2003), p. 341-342
21) 이용규, 『더 내려놓음』 (규장, 2007), p. 46

음으로 '내가 구원받고, 내가 잘되고, 내가 복받는 것'에 초점이 맞춰졌던 것입니다.

이제 우리는 초점을 옮겨야 합니다. 십자가에 못 박힌 그리스도를 통하여 축복받을 것만 바라고 기대할 것이 아니라, 어떻게 하면 예수 그리스도를 위해 나 자신을 부인하고 나 자신을 십자가에 못 박을 수 있을지를 고민해야 합니다.

진정한 성경의 가르침은, 예수 그리스도를 믿으면 나 중심적인 생각을 버리고 하나님의 뜻을 이루기 위해 이웃을 섬기는 삶을 살아야 한다는 것입니다. 그러므로 이제 자신에게 집중되었던 초점을 하나님과 이웃에게 돌리고, '예수 그리스도를 위해 이웃을 사랑하고 섬기는 삶'을 살아야 합니다. 이것이 성경이 말하는 그리스도인의 자기 부인의 삶의 자세입니다.

3. 십자가를 통한 자기 이해

십자가를 통하여 '자기 부인'을 경험한 사람은, 십자가 사건에 비추어 완전히 새로운 '자기 이해'를 합니다. 십자가 사건을 통하여 자신을 바라보면, 두 가지 잘못된 자기 이해, 즉 '자기 비하'와 '자기 교만'에서 벗어날 수 있습니다.

먼저는 자기 비하의 극복입니다. 많은 사람이 자신에 대한 열등감으로 고민합니다. 이 사회는 인간을 무한경쟁 속에 넣고 서로 비교하게 합니다. 그러다 보니 경쟁에 뒤처지는 사람은 자신을 보며 고통스러워합니다. 결국 자기 비하에 시달리며 괴로워합니다.

그러면 예수 그리스도의 십자가는 우리에게 어떤 자기 이해를 가져다줍니까? 우리는 무한히 가치 있는 존재임을 인식하게 합니다. 성경은 하나님의 아들이신 예수님이 우리를 위해 죽으셨다고 합니다. "우리가 아직 죄인 되었을 때에 그리스도께서 우리를 위하여 죽으심으로 하나님께서 우리에 대한 자기의 사랑을 확증하셨느니라" 로마서 5:8.

성경은 우리의 가치가 예수님의 핏값의 가치라고 합니다. "여러분은 자기를 위하여 또는 온 양 떼를 위하여 삼가라 성령이 그들 가운데 여러분을 감독자로 삼고 하나님이 자기 피로 사신 교회를 보살피게 하셨느니라" 사도행전 20:28.

생각해 보십시오. 예수님의 가치가 얼마나 됩니까? 예수님은 하나님이십니다. 이 온 우주를 만드신 분이시기도 합니다. 그분의 가치는 인간의 머리로는 계산할 수 없습니다. 그런데 그 예수님이 나를 위해 죽으셨다고 합니다. 그러니 우리는 얼마나 가치 있는 존재입니까?

예수 그리스도의 십자가를 바라보면 우리는 더 이상 자기 비하의 늪에 빠지지 않습니다. 나 자신이 아무리 초라해 보여도 세상에서 가장 존귀한 존재입니다. 왜냐하면 나를 위해 하나님의 아들이 생명을 내어 주셨기 때문입니다. 그렇지 않습니까? 이 세상의 모든 존재는 투자한 만큼 가치가 올라가게 되어 있습니다.

미국에서 목회하시는 분의 이야기입니다. 그 집에 개 한 마리가 있었습니다. 족보도 불분명하고 특별한 구석이 없어서 대단한 가치가 있는 개는 아니었습니다. 어느 날 수의사에게 데려갔더니 위암에 걸려서 수술비만 천 달러가 든다고 했습니다. 그냥 안락사시키려는데 딸아이가 수술시키자고 애원하더랍니다. 그래서 천 달러를 들여 개를 살려 냈습니다. 그러고 나니 개의 가치가 달라지더랍니다. 전에는 족보도 없고 누구에게 주어도 아깝지 않던 개였는데 천 달러를 들여 수술을 시켰더니 개의 가치가 확 달라진 것입니다. 결국 그 대상에게 비용이 지불된 만큼 가치가 올라간 것입니다.

우리도 그전에는 무가치한 존재였습니다. 그러나 하나님이 당신의 아들 예수 그리스도의 핏값으로 우리를 구원해 주시고 나니 우리의 가치가 확 올라갔습니다. 예수님의 핏값으로 산 바 되었기에, 전 우주에서 그리스도인만큼 존귀한 존재가 없게 된 것입니다.

그래서 윌리엄 템플은 말합니다. "나의 가치는 내가 하나님께 얼마나 가치 있는 존재인가에 좌우된다. 하나님께 나는 놀라울 만큼 가치가 있다. 왜냐하면 그리스도께서 나를 위해 죽으셨기 때문이다."[22]

이것을 제대로 인식하는 것이 바로 십자가를 통한 자기 이해입니다. 이 같은 사실을 깨닫는 사람은 절대로 자기 비하나 자기 열등감에 빠지지 않습니다.

또한 십자가를 통한 자기 이해는 터무니없는 '자기 교만'도 극복하게 해줍니다. 세상에는 쓸데없는 '자기 비하'로 고민하는 사람도 많지만, 터무니없는 '자기 교만'에 사로잡힌 사람도 아주 많습니다. 조금

---

22) William Temple, *Citizen and Churchman* (Eyre & Spottiswoode., 1941), p. 74.

더 많이 배웠다고, 남보다 조금 더 돈이 많다고, 또 남보다 조금 더 높은 지위에 올랐다고 어깨에 힘주고 사는 사람이 얼마나 많은지 모릅니다.

십자가는 이러한 인간의 교만을 한순간에 깨뜨립니다. 생각해 보십시오. 우리가 그렇게 잘난 존재면 예수님이 왜 우리를 위해 죽으셔야 했습니까? 하나님 보시기에 우리 모두는 대책 없는 죄인입니다. 그냥 좀 타이르고 격려해 준다고 좋아질 수 있는 존재가 아닙니다.

도무지 대책이 없고, 구제 불능한 죄인이기에 하나님의 아들이 십자가에서 죽으셔야 했습니다. 이러한 사실을 깨달으면 '자기 교만'이 들어갈 자리가 없습니다. 내가 얼마나 심각한 죄인이고, 하나님 보시기에 얼마나 소망 없는 존재인가를 깨닫는 순간, 나의 영혼은 하나님 앞에 고꾸라집니다. 그래서 십자가는 인간의 교만을 한순간에 박살내는 망치입니다. 인간의 잘난 교만은 십자가 앞에서 산산조각 나게 됩니다.

그러므로 십자가를 통과하여 자기 이해를 하는 사람은 결코 잘난 척할 수 없습니다. 아무리 잘나도, 아무리 위대해도 거기에서 거기입니다. 지금 내가 쓰임받는 것은 모두 하나님의 은혜입니다. 어디에도 쓸데 없어서 폐품 처리해야 할 인생을 주께서 구원해 주시고, 하나님의 일을 위해 사용해 주시는 자체가 엄청난 은혜입니다.

그래서 그 똑똑하고 율법적으로 흠이 없던 바울도 주님을 만나고 난 뒤에는 이렇게 고백하지 않습니까? "미쁘다 모든 사람이 받을 만한 이 말이여 그리스도 예수께서 죄인을 구원하시려고 세상에 임하셨다 하였도다 죄인 중에 내가 괴수니라"디모데전서 1:15.

수많은 교회를 개척하고 신약성경의 절반을 기록하는 공헌을 남겼지만 그는 이렇게 고백합니다. "그러나 내가 나 된 것은 하나님의 은혜로 된 것이니 내게 주신 그의 은혜가 헛되지 아니하여 내가 모든 사도보다 더 많이 수고하였으나 내가 한 것이 아니요 오직 나와 함께 하신 하나님의 은혜로라"고린도전서 15:10.

이것이 바로 십자가를 통과한 사람의 자기 이해입니다. 이 세상에 잘난 그 어떤 사람도 자신의 죄 때문에 돌아가신 예수님의 십자가를 깨달으면 교만할 수 없습니다. 성경은 예수께서 누구 때문에 돌아가셨는지 분명하게 말해 줍니다.

> "그가 찔림은 우리의 허물 때문이요 그가 상함은 우리의 죄악 때문이라 그가 징계를 받으므로 우리는 평화를 누리고 그가 채찍에 맞으므로 우리는 나음을 받았도다" 이사야 53:5.

예수님은 다른 누가 아닌 바로 나의 허물과 죄 때문에 돌아가셨습니다. 이 사실을 분명히 알아야 합니다. "십자가는 우리의 죄를 비쳐 주는 영원한 거울"[23]입니다.

자주 듣는 이야기지만, 예수님은 우리가 생각으로 짓는 죄 때문에 머리에 가시 면류관을 쓰셨고, 손과 발로 짓는 죄 때문에 손과 발에 못이 박히셨으며, 마음으로 짓는 죄 때문에 가슴에 창을 찔리셨습니다. 이같이 예수님의 십자가는 머리끝에서 발끝까지 철저히 죄의 심각성을

---

23) 레베카 피펏, 『토마토와 빨간 사과』 (사랑플러스, 2003), p. 246.

보여줍니다. 그러므로 진심으로 십자가를 통과한 사람은 자기 교만에 빠질 수 없습니다.

신앙생활을 열심히 한다면서 십자가 앞에서 자신의 죄 된 모습 때문에 진심으로 회개하고 깊이 울어본 경험이 없다면, 아직까지 제대로 신앙생활을 하는 것이 아닙니다. 제대로 된 신앙생활에는 반드시 예수님의 십자가를 통한 자기 이해가 있어야 하고, 이런 사람은 교만에 빠지거나 열등감에 빠질 수 없습니다.

십자가는 참 신비롭고 놀라운 도구입니다. 인간의 연약한 자존감은 높여 주고, 쓸데없는 자만심은 깨뜨려 줍니다. 세상에 이토록 놀라운 도구가 어디 있습니까? 이것이 십자가가 하나님의 놀라운 지혜인 이유입니다. 십자가는 인간에게 자기 경멸이나 자기 사랑의 두 극단을 피할 수 있게 해줍니다.

결국 십자가를 통하여 자아상의 변화를 경험하면 오로지 십자가만 붙듭니다. 이렇게 십자가의 가치를 깨닫게 된 사람은 바울의 고백처럼 이제 내가 사는 것은 나를 위해 사는 것이 아니라 "나를 사랑하사 나를 위하여 자기 자신을 버리신 하나님의 아들을 믿는 믿음" 갈라디아서 2:20 안에서 산다고 고백하게 됩니다.

진정한 크리스천을 구별하는 방법은 그 사람이 자랑하는 것이 무엇인지를 보면 알 수 있습니다. 십자가는 진정한 그리스도인을 구분하는 '아주 정밀한 시험 기준치'가 될 수 있습니다. 성도가 다른 사람과 다른 점은 그의 모든 사고의 중심과 자랑의 기준이 십자가이며, 십자가로 기동하며 사는 것입니다.[24]

바울은 "그러나 내게는 우리 주 예수 그리스도의 십자가 외에 결코 자랑할 것이 없으니"갈라디아서 6:14라고 했습니다. 바울은 뛰어난 학식과 탁월한 가문의 배경과 높은 지위가 있었지만 그 모든 것을 배설물로 여겼습니다. 이유는 예수 그리스도를 아는 지식이 가장 고상함을 깨달았기 때문입니다빌립보서 3:8.

우리의 자랑은 모두 십자가 안에서 하는 자랑이어야 합니다. 그렇지 않다면 아직 진정한 그리스도인이 아닙니다. 결국 사람이 무엇을 자랑하는가를 보면 그 사람의 영적 상태를 알 수 있습니다.

십자가를 통해 자기를 부인한다는 말의 의미는 십자가가 아닌 다른 것에는 인생의 궁극적인 소망을 두지 않는다는 것입니다. 이같이 십자가를 통해 세상을 거부할 능력을 갖게 됩니다.

그래서 바울은 "그러나 내게는 우리 주 예수 그리스도의 십자가 외에 결코 자랑할 것이 없으니"라고 한 후 곧바로 "그리스도로 말미암아 세상이 나를 대하여 십자가에 못 박히고 내가 또한 세상을 대하여 그러하니라"갈라디아서 6:14고 고백합니다.

---

24) 마틴 로이드 존스, 『마틴 로이드 존스의 십자가』 (두란노, 1987), p. 106.

"십자가가 우리에게 하는 일을
간단히 말하자면
십자가가 그리스도에게 한 일과 똑같다.
십자가는 우리를 죽인다."
- 존 피셔 -

성녀(聖女) '데오도르' 이야기

4세기 무렵, 홀아비로 살던 한 남자가 수도원으로 들어가게 되었습니다. 그때 열다섯 살 외동딸인 '데오도르'는 아버지를 공양하기 위해 남장을 하고 수도원에 들어갔습니다. 여자는 들어갈 수 없었기 때문입니다. 그녀의 아버지는 수도에 전념했고 '데오도르'는 빨래, 요리, 동리에 가서 시장 보는 일 등, 수도원의 제반 일들을 도맡았습니다. 그리고 그 일은 아버지가 돌아가신 후에도 계속 되었습니다.

수도원과 시장의 중간쯤에는 여관이 하나 있었습니다. 그런데 여관집 주인 딸이 방탕하여 어느 군인의 아기를 갖게 되었습니다. 여관집 딸은 이 사실을 숨기려고 시장을 보려고 자주 지나가는 수도사에게 당했다는 거짓말을 그녀의 아버지에게 했고, 아버지는 수도원에 와서 행패를 부렸습니다. 결국 '데오도르'는 누명을 쓰고 실컷 매를 맞았습니다. 그러나 그녀는 생각했습니다. '누군가 우리 수도사 중에 죄를 지었는지 모른다. 그러나 발각되면 쫓겨날 뿐 아니라 정말 타락할지도 모른다.'

이렇게 생각되자 "용서하십시오. 제가 잘못했습니다." 하고 모든 죄를 덮어씁니다. 결국 그녀는 쫓겨나 수도원 앞에서 거지처럼 '불쌍한 죄인입니다.'라는 팻말을 들고 앉아 있게 되었습니다. 몇 년 동안이나 그렇게 있자 원장은 용서했습니다. 그녀는 다시 수도원에 들어와서 죄인이라고 손가락질받으며, 가장 하찮은 일들을 하면서 멸시받고 살았습니다.

  그러나 워낙 많이 굶은데다, 하는 일이 많아 일찍 죽고 말았습니다. 그 후 수도사들이 그녀의 시신을 씻기고 염을 할 때야, 비로소 그가 여자임을 알게 되었으며, 지금까지 그 모든 누명을 덮어쓴 것도 알게 되었습니다. 그러자 수도사들은 그녀를 질시하던 마음을 깊이 뉘우치게 되었고, 이로 인해 수도원 전체에 큰 회개의 역사가 일어났다고 합니다. 후에 사람들은 그녀를 '성녀聖女 데오도르'라고 불렀습니다.

-『남산 편지』에서 발췌 -

> "십자가에 못 박혀 돌아가신 그리스도의 사랑을 전파하려는 자는
> 반드시 그 자신도 십자가에 못 박힌 바 되어야 한다."
> _ C. L. 쿠틸

6 지고 가면서 본 십자가

이 땅에서 십자가를 지지 않은 사람은 하늘에서 왕관이 없다.

_스펄전 Charles Spurgeon

다시 보는 십자가

값싼 기독교

십자가와 제자도

십자가와 사명

6

지고 가면서 본 십자가
_ 섬김과 희생의 삶

"또 무리에게 이르시되 아무든지 나를 따라오려거든 자기를 부인하고 날마다 제 십자가를 지고 나를 따를 것이니라."
_ 누가복음 9:23

　　　　'지고 가면서 본 십자가', 이 십자가는 예수님 때문에 희생하고 수고하며 헌신하는 삶을 살게 하는 십자가입니다. 십자가형을 당하는 죄수는 십자가에 못 박히기 전에 먼저 십자가를 지고 가야 했습니다. 예수님은 제자들에게 자신의 십자가를 지고 따라오라고 하셨습니다. 이것은 예수님을 따르는 길이 결코 쉬운 길이 아님을 보여 줍니다.

　어떤 신학자는 십자가를 지고 예수님을 따르는 삶을 앞 장에서 이야기한 자기 부인의 삶과 동일시하기도 합니다. 그 이유는 예수께서 자기를 부인하라는 말씀을 먼저 하셨기 때문입니다. 그러므로 '자기를 부인하는 삶' 자체가 '십자가를 지는 삶'이라고 생각하는 사람도 있습니다. 여기서는 편의상 이 둘을 구분해서 '십자가를 지고 가는 삶'을 예수님 때문에 희생하고 수고하고 헌신하는 삶으로 살펴보겠습니다.

1. 값싼 기독교

요즘 사람들은 손해보거나 희생하는 것을 싫어합니다. 결혼생활도 정식으로 결혼식을 올리고 시작하는 것보다 쉽고 편한 동거를 택하며, 양육이 부담스럽다고 아이도 낳지 않으려고 합니다. 직장생활도 한 직장에 헌신하기보다는 좀더 좋은 직장을 찾아서 늘 기웃거립니다.

신앙생활도 마찬가지입니다. 정착하기보다는 마음에 드는 교회를 찾아 옮겨다니는 메뚜기와 철새 같은 교인이 많이 늘고 있습니다. 데렉 티드볼은 이와 관련하여 오늘날은 언약 개념 자체가 부재한 시대가 되었다고 말합니다.

> "현대 사회의 사상은 언약에 기초한 관계에서 계약에 기초한 관계로 옮겨갔다. 신성한 결혼 언약('기쁠 때나 슬플 따나……죽음이 우리를 갈라놓을 때까지' 부부를 묶어 줌)은 세속적인 결혼 계약(관계가 잘못되었을 경우에 대한 혼전 협약으로 마무리됨)으로 대체되었다. 교육과 의료로부터 축구 감독의 고용에 이르기까지, 수많은 영역에서 동일한 이동이 일어난 것을 알 수 있다."[1]

하나님은 우리와 언약 관계를 맺으십니다. 신성한 결혼 관계가 계약이 아니고 언약이듯, 하나님과 우리의 관계도 언약 관계입니다. 이 언

---

[1] 데렉 티드볼, 『십자가』 (IVP, 2003), p. 383.

약의 관계에는 의무와 책임이 따릅니다. 그러나 현대인들은 이것을 부담스러워 합니다. 그래서 신앙생활도 어떻게든 쉽게 하려고 합니다. 그러나 능력은 언제나 헌신에서 나오고 헌신은 인격을 만듭니다. 그러므로 진정으로 헌신하고 희생하는 데서 참된 능력이 나옵니다.

그러면 우리는 십자가에 헌신하고 있습니까? 십자가를 정말 가치 있게 생각하고 십자가가 요구하는 조건대로 살고자 합니까? 그렇지 않다면, 우리가 생각하는 십자가는 예수께서 성경에서 말씀하는 그 십자가가 아닐 수도 있습니다.

축제 기간 중에 브라질에 간 어윈 루처 목사는 가판대 위에 진열된 십자가를 보았습니다. 그 가판대에는 "십자가 싸게 팝니다."[2]라고 적혀 있었습니다. 그는 현대 기독교인들의 십자가에 대한 자세도 그 상인의 태도와 크게 다르지 않다고 했습니다.

오늘날의 기독교인들은 예수 그리스도가 베푸는 구원과 축복에는 관심이 많지만, 그분이 얼마나 큰 고통과 희생을 통하여 우리를 구원하셨는지는 별 관심이 없습니다. 그리고 그 결과 사람들은 죄에 대해서도, 그리스도를 위한 희생에 대해서도 무관심합니다.

이것을 소위 '값싼 은혜' Cheap Grace 라고 합니다. 이 말은 독일의 개신교 신학자 본회퍼 Dietrich Bonhoeffer 가 만들어낸 용어입니다. 그는 당시 독일교회가 전반적으로 약해지고 사회 영향력을 상실한 원인을 교회가 값싼 은혜의 개념에 집착했기 때문이라 했습니다. 그가 말하는 '값싼 은

---

2) 어윈 루처, 『십자가를 바라보다』 (디모데, 2007), pp. 20-21.

혜'는 '회개 없는 용서', '고백 없는 세례', '교제 없는 성찬', '십자가 없는 은혜', '희생 없는 제자도' 같은 것들입니다.

그 때 당시만 그런 것이 아니라 오늘날도 마찬가지입니다. 많은 사람이 기독교를 믿지만 기독교 복음이 주는 달콤한 축복에만 관심이 있지, 복음을 받아들임으로 헌신하고 책임져야 할 부분에는 관심이 없습니다. 그러다 보니 그리스도인이 된다는 의미에 대해 대단히 좁은 시야를 갖게 되었습니다.

미국 월드비전의 회장 리처드 스턴스는 이렇게 말합니다. "복음을 바라보는 우리의 시각은 점점 편협해지다 못해 급기야는 단순한 일 처리 정도로 여기게 되었다. 아침 예배 시간에 결신카드의 빈칸에 그리스도를 믿기로 결단한다고 적거나, '제단 초청' 시간에 강단 앞으로 나가는 일을 복음을 믿는 것의 전부로 여기게 된 것이다."[3]

물론 이러한 것이 필요없다는 말이 아닙니다. 기독교인이 되는 데 예수 그리스도를 믿기로 결심하는 것이 얼마나 중요한 의미를 가지는가는 누구도 부인할 수 없습니다. 그럼에도 불구하고 그리스도인이 되는 것이 오직 결신카드에 서명하는 것으로 끝난다고 생각한다면 제대로 된 신앙인의 자세가 아닙니다. 진정한 그리스도인이 되기 위해서는 십자가를 믿는 것만으로는 부족합니다. 십자가를 지는 자리에까지 나아가야 합니다.

리처드 스턴스는 그의 책 『구멍난 복음』에서 안락하고 편안한 자리에

---

3) 리처드 스턴스, 『구멍난 복음』 (홍성사, 2010), p. 32.

서 많은 사람의 존경을 받으며 신앙생활을 해왔지만, 하나님의 부르심을 받아 월드비전 회장이 되어 사역에 동참해보니 전 세계적으로 수많은 사람이 굶주리고 헐벗고 병들었는데도 불구하고, 대부분의 서구교회는 이에 대한 책임감을 상실하고 있음을 깨달았다고 했습니다.

그러면서 오늘날 서구교회에서 제시하는 복음에는 '메꿔야 할 구멍'이 있음을 강조합니다. 즉 복음을 믿고 구원받음에 대한 이야기는 많지만 복음을 믿음으로 감당해야 할 사명과 책임에 대한 이야기는 부족하다는 것입니다. 그러므로 이 부분에 대해서도 제대로 이야기하고 책임을 부여해야 제대로 된 복음이라는 것입니다.

물론 오늘날 그리스도인들의 잘못도 있지만, 그 이면에는 교회를 이끌어 가는 책임자들의 잘못도 크다고 볼 수 있습니다. 오늘날은 소위 '이용자에게 친절한' user-friendly 교회를 만드는 것이 유행입니다. 많은 교회가 접근 편한 교회를 만들기 위해 안간힘을 씁니다. 이를 위해 일부 대형교회들은 근사한 주차장을 만들고 최고급 시설로 교회 건물을 짓고 누구나 탐내고 관심을 가질 만한 프로그램을 준비하여 교인들을 기다립니다.

교회는 어느 정도 초신자나 방문자를 위한 배려가 필요합니다. 특별히 교회에 처음 나오는 분들을 위해 초신자의 입장에서 눈높이를 맞춘 친절한 교회 안내나 시설이 반드시 필요하다고 생각합니다. 교회가 방문자들에게 편안한 느낌을 주어야 하는 것은 사실이지만, 처음부터 끝까지 교회의 모든 핵심 가치들이 이용자 중심의 교회 구조로만 된다면 심각한 문제입니다. 그러면 '십자가의 영성'이 자리할 부분이 없게 됩니다. 성도들이 교회에서 인정받고 대접받는 것에만 익숙해지면, 예수님이 말씀하신 십자가를 지는 삶과는 거리가 멀어집니다.

예수님은 "나를 따라오려거든 자기를 부인하고 날마다 제 십자가를 지고 나를 따를 것이니라"누가복음 9:23고 하셨습니다. 그런데 교회가 너무 이용자 편의 위주로 흘러가면 예수님이 말씀하신 '자기를 부인하고', '매일 자기 십자가를 지고', '예수님을 따라야 한다'는 세 가지 명령이 들어갈 자리가 없습니다.

자기 십자가를 지라는 예수님의 명령의 심각성에 대해 존 맥아더는 말합니다. "이런 말씀은 믿기 어렵다. 고객 친화적이거나 구도자 중심적이지도 않다. 말씀 속에서 가벼운 기독교는 눈 씻고 찾아볼 수도 없다. 이것은 모호한 말씀이나 예수님의 가르침과 전혀 다른 것이 아니다."[4]

예수님의 가르침을 꿰뚫는 일관된 메시지는 이러한 자기 부인의 제자도의 삶이지 편안하고 안락한 삶에 대한 보장이 아니었습니다. 교회가 이용자 중심으로만 나가면 성경이 말하는 진정한 교회의 모습에서 멀어질 수 있음을 기억해야 합니다. 마치 맥도날드 체인점처럼, 종교성은 넘쳐나지만 영성이 없는 곳으로 전락하고 맙니다.

이는 교회가 성도들에게 십자가의 영성, 주님을 위해 수고하고 희생하는 삶을 올바르게 가르치지 못했기 때문에, 사람들은 교회 성도가 되는 것과 백화점이나 대형마트의 회원이 되는 것의 차이를 제대로 구분

---

4) 존 맥아더, 『값비싼 기독교』 (부흥과개혁사, 2009), p. 18.

하지 못합니다.

이에 대해 설득력 있는 사상가 마크 탬스Mark Thames는 오늘날 대다수의 사람들이 극장이나 백화점, 대형마트 회원으로 가입되어 있어서 교회가 제시하는 교인 등록의 의미를 세상에 적용하기보다 세상의 회원 가입의 의미를 교회에 적용한다고 지적합니다.[5]

무슨 말입니까? 사람들은 자신이 등록한 단체나 조직의 최소한의 요구 조건을 충족시키면서 그곳에서 최대한의 이익을 얻고자 합니다. 그것이 잘못된 것이 아닙니다. 자신의 이익에 최대한 도움이 되는 쪽으로 움직이는 것이 당연하기 때문입니다.

그런데 문제는 신앙생활에도 이것이 그대로 적용되면 안 된다는 것입니다. 예수님을 믿고 따른다는 것은 나의 유익과 이익을 추구하는 것이 아니라, 이제부터는 하나님이 원하시고 기뻐하시는 삶을 살고자 결심하는 것을 의미하기 때문입니다. 현대의 그리스도인들은 '소비자 중심 구조'에 너무나 익숙해져서, 교회가 특별히 가르치지 않으면 자연히 교회생활에도 이것을 그대로 적용하게 됩니다.

그래서 토저는 오늘날 교회가 결신자를 만들겠다는 열망에 사로잡힌 나머지 현대의 세일즈맨들이 쓰는 기법을 사용하는 죄를 범하면 안 된다고 일찍이 경고한 바 있습니다. 그는 "세일즈맨들은 상품의 좋은 점만 이야기하고 다른 점에 대해서는 언급하지 않는다. ……솜사탕처럼 달콤하고 기분 좋은 복음을 제시하면서 언덕의 양지 바른 곳을 약속하

---

5) 밀프레드 미내트레아, 『미국의 감자탕 교회들』(생명의말씀사, 2007), p. 72.

는 것은 사람들을 잔인하게 속이는 것이다."[6]라고 했습니다.

또한 토저는 오늘날의 그리스도인의 모습을 통렬하게 비난합니다. "대부분의 사람이 위로받기 위해 교회에 가는 것 같다. 우리는 위로가 신앙의 주된 목적으로 간주되는 시대에 살고 있다. 지금 우리는 '평안 숭배'라는 질병에 걸려 있다. 우리는 생각의 평안, 마음의 평안 그리고 영혼의 평안을 찾아 헤맨다. 우리는 긴장을 풀고 편하게 살기를 원하며, 전능하신 하나님이 우리 어깨를 두드리며 위로해 주시기를 바란다. 기독교가 이렇게 시시껄렁해졌다!"[7]

토저의 이 지적을 예사로 들으면 안 됩니다. 우리의 신앙생활이 오로지 잘 먹고 잘 살기 위한 것이라면 기독교가 일반 무속종교와 다를 바가 무엇이겠습니까?

예수 그리스도는 우리를 구원하시기 위해 십자가 위에서 물과 피를 모두 쏟으셨습니다. 초대교회의 그리스도인들은 신앙을 지키기 위해 굶주리는 맹수에게 먹이로 던져졌습니다. 지금도 전 세계적으로 수많은 그리스도인이 예수님을 따른다는 이유만으로 강제로 투옥되고 폭행당하고 집과 재산과 생명을 잃고 있습니다.

신앙의 자유가 있는 나라에서 태어났다는 이유만으로 이토록 자신의 안락과 평안만을 추구하는 데 초점을 맞춘다면 나중에 주님 앞에 설 때 주님과 다른 그리스도인의 얼굴을 볼 면목이 없을 것입니다. 그러므로

---

6) A. W. Tozer, *That Incredible Christian* (Harrisburg, Pennsylvania: Christians Publications, 1964), pp.116-117.
7) A. W. 토저, 『내 자아를 버려라』 (규장, 2008), p. 47.

우리가 믿는 기독교가 값싼 기독교가 되지 않도록 언제나 경계해야 합니다. 이를 위해 기독교인이 되는 것이 무엇을 의미하는지를 좀더 깊이 고민해야 합니다.

2. 십자가와 제자도

기독교인이 된다는 것은 예수 그리스도의 제자가 되는 것을 의미한다고 성경은 말합니다. 예수님의 제자가 된다는 것은 무엇을 의미합니까? 제자는 '배우는 사람'을 뜻합니다. 예수님은 일반적인 제자 개념에 더 깊은 뜻을 부여했습니다. 오스왈드 샌더스는 예수님의 제자란 "스승 예수님의 가르침을 받아서 그 가르침을 믿을 뿐 아니라 삶에서 실천하며 배우는 자"[8]라고 정의했습니다.

성경이 말하는 '제자'의 개념에는 학문적으로 배우는 학생이라는 의미도 있지만, 그 배운 바를 '실천하는 사람'이라는 실천적 의미가 있습니다. 월드비전 회장인 리처드 스턴스는 제자 됨의 의미를 이렇게 말했습니다. "제자가 되는 일은 모든 것을 버리고 무조건 예수님을 따른다는 뜻이요, 우리 삶을 온전히 그분의 손에 맡긴다는 뜻이다."[9]

데이비드 왓슨은 고전적인 그의 책 『제자도』에서 오늘날 서구 사회

---

[8] J. 오스왈드 샌더스, 『영적 제자도』 (국제제자훈련원, 2009), p. 35.
[9] 리처드 스턴스, 『구멍난 복음』 (홍성사, 2010), p. 65.

에서 기독교가 그토록 빨리 몰락하는 이유는 서구 기독교가 '그리스도의 제자'가 된다는 의미를 절대적으로 무시해 버렸기 때문이라고 지적합니다.

"서구 기독교인의 거의 대부분은 교인, 교회의 빈 자리를 채우는 사람, 빈 마음으로 찬송 부르는 사람, 입맛대로 설교를 맛보는 사람들이다. 또는 거듭난 신자나 성령 충만한 은사주의자들일 수도 있다. 그러나 진정한 의미의 예수님의 제자는 아니다. 우리가 제자도의 참 의미를 배우기 원하고 실제로 제자가 되고자 한다면, 서구의 기독교는 변화될 것이다. 그리고 사회에 미치는 교회의 영향력도 점차 증가될 것이다."[10]

달라스 윌라드도 초대교회와 오늘의 교회를 비교하면서 현대교회가 이토록 연약하고 힘이 없어진 이유는 제자도의 실종에 있다고 했습니다. 지난 수십 년간 서구교회가 제자도를 그리스도인의 조건으로 삼지 않은 데 문제가 있었다고 합니다. 굳이 제자가 되겠다고 결심하지 않아도 누구나 그리스도인이 될 수 있으며, 제자로서의 삶의 진보 없이도 여전히 그리스도인으로 남을 수 있었음이 문제였다는 것입니다. 즉 제자도는 있어도 그만, 없어도 그만인 옵션으로 남았다는 것입니다.[11]

오늘날 교회에서는 그리스도인과 제자를 나름대로 엄격하게 구분합

---

10) 데이비드 왓슨, 『제자도』 (두란노, 1986), p. 13.
11) 달라스 윌라드, 『잊혀진 제자도』 (복있는사람, 2007), p. 22.

니다. 그리스도인은 그냥 교회를 출석하는 사람입니다. 제자는 교회에서 훈련을 받거나 특별 양육 프로그램을 거친 사람입니다. 그러나 이러한 구분에는 명백한 문제점이 있습니다. 초대교회에서는 그리스도인과 제자를 나누지 않았습니다. 그리스도인과 제자는 동일한 개념으로 사용되었습니다. 다시 말해서 누군가 교회에 나와 그리스도인이 되기로 결심했다는 것은, 주님을 위해 생명까지 바치는 제자의 삶을 살기로 헌신함을 의미했습니다.

오스왈드 샌더스도 비슷한 이야기를 합니다. "원래 '그리스도인'과 '제자'는 구별 없이 사용하던 말이었으나 현대에 와서는 분리되었다. 그리스도인이 되고 싶다는 사람도 그리스도가 제시하는 제자의 엄격한 기준에는 따르기를 주저한다. 예수님은 단 한 번도 제자의 길이 탄탄대로일 것이라고 말씀하지 않았다. 고락을 함께하며 따라올 사람을 원하셨다."[12]

달라스 윌라드는 예수님의 '지상명령' 속에 나오는 삶의 모델은 우리가 생각하는 그리스도인의 삶의 모델과 완전히 정반대라고 말합니다. 오늘날 교회는 어떤 사람이 교회에 나와 믿음을 고백하면 세례를 줍니다. 그리고 말씀으로 가르치고 양육합니다. 그 다음에는 훈련시켜서 제자 삼습니다. 그러나 예수님의 말씀은 정반대입니다.

"그러므로 너희는 가서 모든 민족을 제자로 삼아 아버지와 아들과 성령의

---

12) J. 오스왈드 샌더스, 『영적 제자도』 (국제제자훈련원, 2009), p. 36.

이름으로 세례를 베풀고 내가 너희에게 분부한 모든 것을 가르쳐 지키게
　　　하라" 마태복음 28:19.

　이 예수님의 명령에 따르면 믿겠다고 결심한 사람을 먼저 제자로 받아들이고, 그 다음에 아버지와 아들과 성령의 이름으로 세례를 주고, 이들이 준비가 되면 예수께서 '분부한 모든 것'을 명심하여 지키도록 가르쳐야 했습니다.[13] 초대교회는 그렇게 함으로써 폭발적인 성장을 이루었습니다.

　그러나 오늘날의 교회는 그러한 순서를 따르지 않습니다. 그 결과 달라스 윌라드의 말처럼 "회심자들을 제자로 삼지 않으니 그들에게 그리스도께서 사시고 가르치신 대로 살라고 하는 일이 불가능합니다."[14] 이것이 오늘날의 교회가 시끄럽고 어려움이 많은 이유입니다. 제자로 헌신하지 않은 사람을 교인으로 등록시키고, 그들에게 여러 가지 교회 일에 헌신하라고 요구하니 문제가 생기고 말썽이 생길 수밖에 없습니다.

　이제 순서를 바로 잡아야 합니다. 사람들이 교회에 나와서 예수 그리스도를 믿고자 결심하면, 제자의 삶의 자세를 먼저 가르쳐야 합니다. 그리스도인이 되는 것은 주님을 위해 희생하고 헌신하는 제자의 삶을 살기로 결신하는 것임을 알려주어야 합니다.

　예수님은 그리스도인이 제자의 삶을 사는 것을 당연한 것으로 여기

---

13) 달라스 윌라드, 『잊혀진 제자도』 (복있는사람, 2007), p. 24.
14) Ibid.

시고, 선택사항으로 주지 않으셨습니다. 그리스도인은 당연히 제자의 삶을 살아야 함을 강조하셨습니다. 그런데 일반적으로 그리스도인은 그렇게 생각하지 않으며 여기서 문제가 발생합니다.

신학교에 다닐 때 교수님께 들은 이야기입니다만, 한국교회의 많은 성도가 착각하고 있는 것이 있다고 합니다. 예수님은 '좁은 문'으로 들어가라고 하셨지만 마태복음 7:13, 일반 성도들은 '넓은 문'은 불신자가 들어가는 문, '좁은 문'은 선교사나 목사, 전도사가 들어가는 문, 그리고 평신도를 위해서는 넓지도 좁지도 않은 '적당한 문'이 있다고 생각한다는 것입니다. 그러나 성경 어디에도 '적당한 문'은 없습니다. '넓은 문' 아니면 '좁은 문'일 뿐입니다.

교회사를 통해서 전해 오는 이야기입니다. 325년에 니케아 회의를 위해 교회 지도자들이 한 자리에 모였습니다. 북아프리카와 소아시아, 팔레스타인 등지에서 318명의 지도자들이 모였는데 신체가 온전한 사람은 12명밖에 없었습니다. 306명은 복음을 증거하다가 붙잡혀 고문 중에 신체의 일부를 잃어버린 사람들이었습니다.[15] 초대교회 성도들은 모두 이런 삶을 살았습니다.

시몬 베드로의 형제 안드레는 예수께서 잡히실 때 도망쳤습니다. 그러나 부활하신 주님을 목격한 후에는 담대히 복음을 전했습니다. 그는 로마 치하의 에티오피아에 가서 복음을 전했습니다. 그러자 에티오피아 총독은 그에게 더 이상 기독교를 전하지 말라고 명령했습니다. 명령

---

15) 송삼용, 『십자가 영성을 회복하라』 (넥서스, 2010), p. 246.

을 위반할 시에는 즉각 십자가형에 처해질 것이라고 경고했습니다. "십자가의 죽음이 두려웠다면 십자가의 존귀와 영광을 증거하지 않았을 것이다." 그의 담대한 고백에 결국 새로운 종파를 유포하며 로마의 신을 부정했다는 죄목으로 십자가형을 선고받고 형장으로 끌려갔습니다. 안드레는 십자가를 보고도 두려워하지 않고 "오 십자가여, 내가 너를 얼마나 사모하며 고대하였던가! 나는 항상 너를 사랑하며 갈망하였기 때문에 예수님이 달리셨던 네게 기꺼이, 즐겁고 간절한 마음으로 가노라."[16] 하고 담대하게 말했습니다.

성경에 출애굽 사건이 나옵니다. 요셉 때에 애굽으로 간 이스라엘 사람들이 400년이 지난 후 애굽 사람의 종이 되어 고난 가운데 부르짖을 때, 하나님이 모세를 통해 그들을 해방시킨 사건입니다. 이 때 해방된 이스라엘 백성은 40년간의 광야생활을 거쳐서 마침내 약속의 땅 가나안에 들어갑니다.

흔히 이 출애굽 사건을 구원과 비교하곤 합니다. 엄밀히 말해서 출애굽은 일종의 거대한 장례식이었음을 아십니까? 이스라엘 사람들이 출애굽할 때 요셉의 유언에 따라 그의 유골을 들고 나가야 했기 때문입니다. "모세가 요셉의 유골을 가졌으니 이는 요셉이 이스라엘 자손으로 단단히 맹세하게 하여 이르기를 하나님이 반드시 너희를 찾아오시리니 너희는 내 유골을 여기서 가지고 나가라 하였음이더라" 출애굽기 13:19.

---

16) Jone Foxe, *Foxe's Christian Martyrs of the World* (Greensburg:Barbour and Company Inc., 1991), pp. 6-7.

출애굽의 행렬은 애굽에서 종살이하던 이스라엘 백성들이 해방을 얻은 것이니 당연히 축제의 행렬이었지만 동시에 요셉의 유골을 메고 나가는 것이니 장례식 행렬이기도 했습니다. 이 장엄한 광경을 한번 상상해 보십시오. 60만이 넘는 사람들이 40년 동안 장례식을 진행했습니다. 그들이 그렇게 한 것은 물론 요셉의 유언을 따른 것이지만, 한편으로는 여기에 하나님의 깊은 뜻이 있다고 생각됩니다. 하나님이 왜 그렇게 하셨을까요? 출애굽은 죄 많은 세상에서 하나님의 은혜로 해방을 받고 구원받은 것을 상징합니다. 가나안은 천국을 상징하고 광야생활은 천국에 가기 전까지 이 땅에서 살아가는 삶을 의미합니다.

하나님은 이 요셉 사건을 통하여, 예수 그리스도를 믿고 죄의 세상에서 나와 천국 가나안에 이를 때까지 걸어가는 믿음의 삶은, 과거의 죄악 된 자아를 날마다 조금씩 예수 그리스도 십자가 앞에 묻어 버리는 엄숙한 영적 장례식 같음을 깨우쳐 주시는 것입니다.

이것이 바로 제자도의 삶입니다. 제자도의 삶에는 엄격한 자기 부인의 과정이 따릅니다. 왜냐하면 자기 자신이 누릴 이익과 영광을 최우선으로 하는 사람의 삶에는 예수 그리스도의 제자도가 들어갈 자리가 없기 때문입니다.

자기를 부인한다고 해서 가진 모든 것을 다 내려놓는 것을 의미하는 것은 물론 아닙니다. 특별한 경우도 있겠지만, 자신을 부인하는 제자도의 삶이 예수님 당시처럼 직장과 가정을 버리고 예수님을 따르거나 선교사가 되어 말이 통하지 않는 나라로 가야 한다는 의미는 아닙니다.

달라스 윌라드의 말처럼 오늘날의 제자도는 "원수를 사랑하고, 우리를 저주하는 자를 축복하고, 압제하는 자와 십 리를 동행하는 법을 적극적으로 배우는, 내면의 은혜로운 변화인 믿음과 소망과 사랑을 삶에 실천하는 것으로 구체화"[17]될 수 있습니다.

이 제자도를 너무 어렵거나 신비로운 것으로 생각할 필요가 없습니다. 이것은 삶의 일상에서 더 뚜렷이 나타날 수 있습니다. 부모가 자녀를, 남편이 아내를, 선생님이 학생을, 직장 상사가 직원을 대할 때 더 분명하게 드러날 수 있습니다. 제자도의 실천을 위해서는 각자의 삶에서 필연적으로 자기 부인과 자기 희생의 삶이 요구됩니다. 그래서 '우리가 져야 하는 십자가'는 예수님을 믿지 않았다면 겪지 않아도 될 어려움[18]이라고 할 수 있습니다. 자기 십자가를 지는 것은 그리스도인이라는 이유로 겪어야 하는 고난이나 희생을 인내하며 견디는 것입니다.

예수님은 자신의 죄가 아닌 다른 사람의 죄를 위해 십자가를 지셨습니다. 그러므로 우리가 십자가를 지는 것은 다른 사람의 아픔과 연약함을 대신 짊어지는 것입니다. 그리고 내가 이런 고난과 죽음의 십자가를 질 때 다른 사람을 살립니다. 그래서 바울도 이렇게 말했습니다. "그런즉 사망은 우리 안에서 역사하고 생명은 너희 안에서 역사하느니라" 고린도후서 4:12.

존 피셔도 자아가 죽는다는 것은 다른 사람을 위해 사는 것이라고 했습니다.

---

17) 달라스 윌라드, 『잊혀진 제자도』 (복있는사람, 2007), p. 27.
18) 어윈 루처, 『십자가를 바라보다』 (디모데, 2007), p. 211.

"내 생명을 버리라 하신 것은 더 나은 생명을 주시기 위해서이다. 옛 자아는 자신만 돌보는 재주밖에 없는데 새로운 생명은 이타적이고, 너그럽고, 선하기 한량없고, 사랑과 친절이 충만하다. 새 생명은 하나님과 사람 안에서 자아를 잊어버렸다. 새 생명은 마치 그리스도께서 종이 되기 위해 하나님의 신분을 포기한 것과 같다."[19]

자아 포기가 어려운 것은 그 누구도 죽음을 좋아하지 않기 때문입니다. 인간은 본성상 죽음을 싫어하고 회피합니다. 더구나 오늘날은 극도의 자기 중심Me Generation 세대입니다. 말세의 특징 가운데 첫째가 "사람들이 자기를 사랑하며"디모데후서 3:2입니다. 자기 중심 가치관으로 살아가는 세대라는 것입니다.

그런데 예수 그리스도를 믿고 예수님의 제자가 되면, 나 중심의 이러한 삶의 태도가 하나님 중심, 이웃 중심의 삶으로 바뀌게 됩니다. 십자가는 하나님께 대한 태도뿐 아니라 자신에 대한 태도 역시 근본적으로 바꾸어 놓습니다.[20] 이것이 바로 제자도의 모습입니다.

성경을 자세히 보면 예수님은 단 한 번도 제자가 되라고 권유하지 않고 제자의 삶을 살아달라고 부탁하지도 않으셨습니다. 그냥 명령하십니다. 그분은 그럴 자격이 있습니다. 예수님은 창조주 하나님이며 이 세상을 다스리는 주관자이시기 때문입니다.

---

19) 존 피셔, 『험한 십자가』 (죠이선교회, 2005), p. 135.
20) 존 스토트, 『그리스도의 십자가』 (IVP, 1988), p. 341.

리처드 스턴스는 이렇게 말합니다.

"그리스도는 죽은 자들 가운데 부활하신 성육하신 하나님이거나, 그런 존재가 아니거나 둘 중 하나다. 여기에는 어중간한 입장은 있을 수 없다. 그분이 성육하신 하나님이 아니라면, 그분의 가르침은 공자, 필 박사나 오프라의 가르침보다 더한 권위를 가질 수 없다. 우리는 그 가르침을 취할 수도 있고 버릴 수도 있다. 그러나 그리스도가 하나님이라면 모든 것이 달라진다. 그리스도가 하나님이라면 인류에게, 우리가 살아가는 방식과 세상을 이해하는 방식에서 그분의 가르침보다 중요하고 권위 있고 중심이 될 만한 것은 없다는 뜻이 된다. 그리스도는 전부 아니면 전무를 선택해야 하는 상대이다. 우리 모두는 그분에 대해 어느 쪽으로든 이미 결정을 내렸다. 내 삶을 전심으로 그분께 바쳤거나, 아니면 바치지 않았거나."[21]

우리는 이것을 깊이 생각해야 합니다. 제자가 되고 말고는 선택 사항이 아닙니다. 주님의 부르심을 받아 예수 그리스도를 믿고 따르는 사람이 되었다면 제자가 되는 것은 마땅히 해야 할 일입니다. 이것을 원하지 않는 사람은 그리스도인이 될 자격이 없습니다.

그리스도인이 된다는 것은 나의 모든 것을 주님께 거는 것입니다. 그저 좀더 좋은 사람이 되는 것이 아닙니다. 주님의 주권에 나의 모든 삶

---

21) 리처드 스턴스, 『구멍난 복음』 (홍성사, 2010), p. 133.

을 맡기는 것이며 주님이 원하시는 모습으로 날마다 바뀌어 가는 것을 의미합니다.

에이미 카마이클Amy W. Camichael은 영국 아일랜드 출신의 선교사로 평생을 인도에서 살면서 버려진 고아와 불우한 아이들을 위해 일생을 바쳤습니다. 그녀는 결혼도 하지 않고 버려진 아이들의 어머니로 자신의 일생을 주께 드렸습니다. 에이미가 남긴 시 중에 '그대는 아무 흔적도 가진 것이 없는가?' 라는 시가 있습니다.

그대는 아무 흔적도 가진 것이 없는가?

숨겨진 흔적이 발에도, 옆구리에도, 손에도 없는가?
나는 땅을 울릴 정도로 크게 그대가 노래하는 소리를 듣고 있으며,
나는 사람들이 그대의 찬란히 떠오르는 별을 환호하는 소리를 듣노라.

그대는 흔적을 갖고 있는가?
그대는 아무 상처도 갖고 있지 않는가?
그러나 나는 사냥꾼에 의해 상처입고 쇠진하였노라.
나를 둘러싸고 삼키려 드는 맹수들에 의해 나는
나무에 달려 죽게 되었고 찢기게 되어, 나는 기절하였도다.
그대는 아무 상처도 없는가?

정녕 그대는 상처도, 흔적도 가지지 않았는가?
주인으로서 종이 되고, 나를 따르는 자의 발은 찔림을 받지만
그러나 당신의 발은 온전하다.
아무 상처 없고 아무 흔적 없는 것은 멀리서 좇았기 때문일까?

예수 그리스도를 따르는 사람이라면 주님을 따르다가 입은 상처가 우리의 발이나 옆구리나 손에 있어야 한다고 그녀는 말합니다. 그리고 아무런 흔적도 없다면 주님을 따르되 너무 멀리서 좇았기 때문이 아닌가 하고 반문합니다.

사도 바울은 갈라디아 교인들을 향해 "이 후로는 누구든지 나를 괴롭게 하지 말라 내가 내 몸에 예수의 흔적을 지니고 있노라"갈라디아서 6:17고 했습니다. 여러분에게는 바울과 같은 흔적이 있습니까? 예수님의 제자가 되어 주님을 좇다가 생긴 상처나 흔적이 있습니까?

3. 십자가와 사명

오스 기니스는 만족스러운 삶을 위해서는 정체성과 사명과 삶의 의미에 대한 깊은 인식, 이 세 가지가 필요하다고 합니다.[22] 이 세 가지는 맞물려 있어서 앞의 요소가 잘 갖춰져야 다음 단계로 나아갈 수 있습니다.

먼저 정체성의 인식에 대하여 생각해 봅시다. 만족스러운 삶을 위해서는 올바른 자기 정체성을 가져야 합니다. 예수 그리스도를 믿게 될 때 십자가를 통해 하나님의 자녀가 되었다는 분명한 자기 정체성을 가지며, 그 때에 비로소 만족스러운 인생의 출발선에 서게 됩니다.

---

22) 오스 기니스, 『인생』 (IVP, 2009), p. 9.

그렇게 되면 다음 단계로 사명에 대하여 인식합니다. 이것은 십자가로 인하여 구원받은 사람이 자신이 지고 갈 십자가가 무엇인지 깨닫는 것을 의미합니다. 그래서 십자가는 사명과 밀접하게 연관되어 있습니다. 이 사명에 대해 분명하게 인식하는 사람은 마침내 삶의 의미에 대해 깊이 인식하게 됩니다. 사는 이유를 분명하게 깨닫게 됩니다.

이러한 사명 인식은 흔히 말하는 직업과는 다릅니다. 어떤 사람은 사명과 직업이 일치하지만, 일치하지 않는 경우도 있습니다. 직업은 생계 수단인 경우가 많습니다. 그러나 사명은 하나님이 그 일을 위해 나를 부르셨다는 확신이 드는 일을 의미합니다. 다른 말로 하면 그 일을 하다가 죽더라도 후회 없는 그런 일입니다.

사명을 깨달으면 위대해집니다. 베드로가 예수님을 만나지 않고 사명을 깨닫지 못했다면, 갈릴리의 평범한 어부로 인생을 마쳤을 것입니다. 그러나 사명을 발견했기에 지난 2,000년 기독교 역사상 가장 위대한 사람 중의 한 명으로 기억되고 있습니다. 기독교인은 하나님 나라의 확장을 위해 부름받은 사람입니다. 은사와 재능에 따라 각자의 사명이 다르겠지만, 중요한 것은 우리는 평범한 삶을 위해 부름받은 사람이 아니라는 것입니다.

우리는 자신에 대해 좀더 큰 그림을 그릴 수 있어야 합니다. 단지 좋은 직장을 잡고, 돈을 많이 벌어 넉넉한 삶을 살고, 배우자와 행복하게 지내고 아이들을 잘 양육하는 것만이 인생의 목적의 전부가 되어서는 안 될 것입니다. 삶은 그 이상의 의미가 있어야 합니다.

우리는 세상을 창조하고 역사를 이끌어가시는 하나님의 손을 볼 수 있어야 합니다. 시간이 만들어지기 전, 영원 속에 존재하시는 하나님이 인간의 시간 속에 들어오셔서 타락한 인류를 구원하는 계획을 세우셨습니다. 하나님은 그 놀라운 구원의 역사에 저와 여러분을 동참시키기를 진심으로 원하십니다.

이것이 하나님이 저와 여러분을 구원하신 이유입니다. 하나님은 하나님 나라를 위한 일에 우리를 파트너로 부르셨습니다. 그리고 그 일을 위해 각자에게 맡기기 원하시는 사명의 십자가가 있습니다. 우리는 자신의 구원으로만 만족해서는 안 되고 그것에 따르는 사명을 깊이 생각해 보아야 합니다.

흔히 '예수 믿으면 복받는다.' 라는 말을 자주 하는데, 우리가 정말 해야 할 말은 '예수 믿으면 사명받는다.' 입니다. 예수를 믿으면 사명을 받습니다. 이 땅에서 주님을 위해 해야 할 일이 생기는 것입니다. 하나님은 각자의 상황과 형편에 맞게 사명을 주십니다. 그러나 중요한 것은 사명이 없는 사람은 없다는 사실입니다.

그래서 예수님을 믿어 구원얻은 것으로만 기뻐하지 말고, 하나님이 나를 통해 무엇을 하시기 원하시는지를 치열하게 물어야 합니다. 특별히 젊은 20대, 30대부터 예수님을 믿는다면 이 질문을 더 더욱 열심히 해야 합니다. 그래야 인생이 낭비되지 않고 하나님께 온전히 쓰임받을 수 있기 때문입니다.

기독교에서는 사명을 십자가로 표현하기도 합니다. 때로는 기독교인의 사명의 길이 자기 부인과 자기 희생, 그리고 철저한 자기 헌신을 요구하기 때문입니다. 눈치 빠른 사람들은 어떻게든 자기에게 맡겨진 사명을 피하려고 합니다. 그러나 이 땅에서 사명을 회피하는 사람은 하나님 앞에서 부끄러움을 당하게 됩니다. 천국에 들어가서 주님을 뵈올 때 부끄럽지 않기 위해서는 이 땅에서 십자가의 사명을 잘 감당해야 합니다.

많은 경우에 사명을 부담스럽게 생각하지만 사실 그것은 우리를 살리는 역할을 합니다. 잘 알려진 이야기지만 아프리카에 있는 어느 부족은 거친 물살이 있는 곳을 건널 땐 반드시 무거운 돌을 등에 지고 건넌다고 합니다. 돌이 없으면 물살이 거칠게 몰아쳐서 강을 건너다가 급류에 휩쓸려 죽게 되는 경우가 많기 때문입니다. 그런데 등에 무거운 돌이 있으면 물살에 휩쓸리지 않고 무사히 강을 건널 수 있다고 합니다.

이 땅에서의 우리의 삶도 마찬가지입니다. 교회의 직분이나 사명이 한편으론 부담스럽고 짐스러운 것이 사실이지만, 그것 때문에 세속의 거친 물결에 휩쓸려가지 않고 영적인 삶을 유지합니다. 주일학교 교사나 성가대 찬양을 맡았기에 주일 아침에 늦잠 자지 않고 교회에 나오게 되는 그런 이치입니다.

내가 십자가를 업고 가는 것 같아도 사실은 십자가가 나를 업고 갑니다. 비행기 날개의 무게는 무겁지만 그 날개 때문에 하늘을 날 수 있는 것과 마찬가지입니다. 십자가가 우리 인생을 무겁고 힘들게 하는 것이 아니라 하나님을 향하여 영적으로 더 높이 솟아오르게 해줍니다. 그러므로 십자가는 축복입니다.

세상에는 '세속적인 그리스도인'과 '세계적인 그리스도인' 두 종류의 그리스도인이 있습니다. 세속적인 그리스도인은 사명과 상관없이 사는 사람입니다. 주일날 교회에서는 그리스도인처럼 행동하지만 예배가 끝나면 세속의 물결에 휩쓸려 사명과 상관없이 한 주간을 보내는 사람입니다.

세계적인 그리스도인은 하나님이 맡기신 사명을 의식하며 사는 사람입니다. 그 사람은 전 세계를 복음화하려는 하나님의 크신 계획 속에 어떻게든 자신의 삶을 던지기를 소원합니다. 이를 위해 물질 봉사, 재능 봉사를 하거나 선교 현장에 직접 나가기도 합니다. 아무 것도 할 수 없는 상황이면 기도로 하나님의 나라가 이 땅과 온 세상에 속히 임하도록 열심히 간구하고 부르짖습니다. 이러한 사람은 세계적인 그리스도인입니다. 비록 자신이 사는 지역을 단 한 번도 벗어나지 못했더라도, 전 세계를 복음화시키고자 하는 하나님의 '세계 경영'에 어떻게든 관여하고 있기 때문입니다.

그러므로 사명을 회피하면 안 됩니다. 그것이 내가 이 땅에 태어난 이유이고 목적인데 그 사명을 회피하면 어떻게 되겠습니까? 생각해 보십시오. 예수께서 자신에게 맡겨진 십자가의 사명을 회피하셨다면 지금 우리는 어떻게 되었겠습니까? 그러므로 우리는 자신의 사명에 충실해야 합니다.

'쿼바디스 도미네'라는 영화를 보면 베드로의 마지막 인생을 볼 수 있습니다. 베드로는 로마에서 사역하다가 점점 광폭해지는 네로의 분노를 피해 로마를 빠져나오고 있었습니다. 그 대 주님이 베드로 앞에 나타나셨습니다. 베드로의 눈에는 주님이 어디론가 가시고 계셨습니다. 베드로가 주께 물었습니다. "쿼바디스 도미네"Quo Vadis, Domine, 우리말로는 "주여, 어디로 가시나이까?"입니다. 그러자 예수께서 "네가 내 양떼를 버렸기에 다시 한번 십자가를 지기 위해 로마로 간다." 이 말에 베드로는 가던 길을 되돌아 로마로 가서, 십자가에 거꾸로 못 박혀 순교했다고 합니다.

사명은 회피하면 안 됩니다. 사명을 망각하는 자는 몸은 살았으나 영적으로는 이미 죽은 사람입니다. 일제 시대 때 신사참배를 반대하다가 모진 옥고를 치르고 순교하신 주기철 목사의 '영문 밖의 길'이라는 시가 있습니다.

"서쪽 하늘 붉은 노을 영문 밖에 비치누나
연약하온 두 어깨에 십자가를 생각하니
머리에는 가시관 몸에는 붉은 옷
힘없이 걸어가신 영문 밖의 길이라네."

"십자가에 고개턱이 제아무리 어려워도
주님 가신 길이오니 내가 어찌 못 가오랴
주님 제자 베드로는 거꾸로도 갔사오니
고생이라 못 가오며 죽음이라 못 가오리."

주님의 제자 베드로는 거꾸로 십자가를 졌습니다. 우리도 맡겨진 사명의 십자가를 기쁨으로 감당해야 할 것입니다.

"복음은
많은 사람이 생각하는 것과 달리
자기 성취에 관한 것이 아니다.
복음은 자기 부인에 관한 것이다."
– 존 맥아더 –

날마다 십자가를 지는 삶

우리는 십자가 지는 것을 너무 어렵게만 생각합니다. 남들은 흉내낼 수 없는 선교사의 길을 간다든지, 엄청난 자기 희생의 삶을 사는 것이 십자가를 지는 삶이라고 생각합니다. 물론 그런 일들도 십자가를 지는 것이 될 수 있지만, 그것보다는 매일의 삶에서 하나님을 인정하고 맡기신 사명을 충실하게 감당하는 것이 십자가를 지는 삶에 더 가깝다고 생각합니다.

예수님은 "제 십자가를 지라."고 하실 때 '날마다' 지라고 하셨습니다. 십자가를 지는 삶은 '단회적'이고 '화끈한' 헌신보다는 날마다 '일상생활'에서 행해지는 '자기 부인'의 삶과 더 밀접한 관계가 있습니다. 그런 면에서 존 우든John Wooden의 삶은 우리에게 모범이 됩니다.

존 우든은 1910년 미국 인디애나 주에서 태어나, 농구 선수와 감독으로 활약하며 경이적인 대기록을 세운 신화적인 인물입니다. 그는 27년 동안 UCLA 농구팀을 이끌며 전무후무할 88연승을 포함해 생애 통산 620승을 거뒀으며, 특히 1967년부터 1973년까지 미국대학스포츠협회 챔피언을 7연패하는 불멸의 기록을 남겼습니다. 이로 인해 세계 최고 권위를 자랑하는 스포츠 채널 ESPN에 의해 '금세기의 감독'이라는 칭호를 얻었으며 선수와 코치 부문 모두에서 농구 '명예의 전당'에 오른 유일한 사람으로 기록되기도 했습니다.

그러나 존 우든이 많은 사람에게 존경받은 이유는 단지 코치로서의 성적이 좋았기 때문만은 아닙니다. 그는 단순히 감독이라기보다는 아버지 같은 마음으로 선수들에게 인생을 가르친 감독으로 유명합니다. 그는 선수들에게 늘 "농구선수로서의 네 자신보다, 한 인간으로서의 네 자신이 훨씬 중요하다."라고 가르쳤으며 시간 준수를 강조하고 상대방 선수에 대한 욕설과 비방을 철저히 금지시켰습니다.

경기에서의 승리보다 과정을 중요시했으며 최선을 다했으면 그것이 곧 성공임을 선수들에게 주지시켰습니다. 이와 같은 존 우든의 가르침으로 그의 제자들 중 95% 이상이 대학을 졸업했으며 프로 농구에 진출하지 않은 경우 의사, 목사, 공무원 등 사회에 도움을 주는 사람이 되었습니다.

그가 이처럼 훌륭한 감독이 될 수 있었던 데는 신앙이 큰 도움이 되었습니다. 그는 일찍이 아버지로부터 물려받은 신앙을 바탕으로 늘 성경을 가까이하는 삶을 살았고, 현역 감독 시절에는 시합에 나갈 때 늘 성경을 갖고 다녔습니다. 손바닥만한 성경을 들고 다니며 어려움에 처하면 말씀에 의지했고, 틈만 나면 '매일의 양식'이나 '다락방' 같은 신앙 서적을 읽었습니다.

농구 경기는 긴장의 연속으로 이어지는 순간이 많습니다. 그러한 때 선수들은 감독을 의지하지만 감독은 의지할 대상이 없습니다. 그때마다 우든은 자신의 신앙을 지도했던 프랭크 데이빗슨 목사가 준 작은 십자가를 지니고 다니며 힘들 때마다 그 십자가를 붙들고 기도했습니다. 그럴 때마다 마음의 평안이 찾아왔다고 합니다.

그는 단 한 번도 돈의 유혹이나 스캔들에 말려든 적이 없었고 언제나 검소하고 겸손한 지도자의 모습으로 많은 사람의 존경을 받았습니다. 그러다가 2010년 자신의 100번째 생일을 넉 달 앞둔 시점에 세상을 떠났습니다. 1910년에 태어났으니 거의 100년 가까이 주님과 동행하며 자신에게 맡겨진 십자가를 지는 삶을 살았던 것입니다.

존 우든이 늘 십자가를 지니고 다니며 주님을 의식하며 산다는 간증을 들은 어느 무명의 농구 선수가 다음과 같은 글귀를 존 우든에게 보냈습니다. 존 우든은 그가 누구인지 늘 궁금해 했다고 합니다.

내 호주머니 속의 십자가 하나 (A Cross in my Poket)

나는 주머니에 십자가를 하나 넣고 다닌다. 이 십자가는 어디에 있든지 내가 그리스도인이라는 단순한 사실을 기억나게 해준다.

"I carry a cross in my pocket. A simple reminder to me of the fact that I am a Christian. No matter Where I may be.

이 작은 십자가에 어떤 주술적인 의미가 있는 것이 아니다. 행운을 비는 부적도 아니다. 모든 육체적인 위험으로부터 나를 지켜주는 것도 아니다. 또한 이것을 통해 내가 그리스도인인 것을 세상 사람들에게 알리고자 하는 것도 아니다. 이것은 단지 나와 주님과의 약속일 뿐이다.

This little cross is not magic, nor is it a good luck charm. It isn't meant to protect me from every physical harm; It's not for identification for all the world to see. It's simply an understanding between my Savior and me.

내가 동전이나 열쇠를 꺼내기 위해 주머니에 손을 넣을 때마다, 그 십자가는 주님이 나를 위해 치른 희생을 기억나게 해준다.

When I put my hand in my pocket to bring out a coin or a key, the cross is there to remind me of the price He paid for me.

또한 날마다 내가 누리는 축복에 대해 감사하게 해주며, 나의 모든 말과 행동에서 그분을 더 잘 섬기도록 노력해야 함을 깨닫게 해준다.

It reminds me, too, to be thankful for my blessings day by day, and to strive to serve Him better in all that I do and say.

또한 나의 주님을 알고 있고, 그분의 돌보심에 자신을 맡기는 모든 사람과 함께 누리는 평강과 위로를 날마다 기억하게 해준다.

It is also a daily reminder of the peace and comfort I share with all who know my Master and give themselves to His care.

그래서 나는 십자가를 주머니에 넣고 다닌다. 그분께 삶을 맡기기만 하면, 그분이 나의 삶의 구세주가 되어 주심을, 다른 누군가가 아닌 나 자신에게 상기시켜 주기 위해서이다.

So I carry a cross in my pocket. Reminding no one but me, that Jesus Christ is the Lord of my life if only I will let Him be."

– 베르나 토머스 –

우리는 날마다 자신을 부인하며 주께서 맡기신 십자가를 지는 삶을 살아야 합니다. 그러기 위해서는 날마다 주님의 십자가를 어떤 식으로든 묵상하고 기억하며 살아야 합니다.

"십자가를 진다는 것은 어떤 대가를 치르더라도
그리스도 편에 서는 것을 말한다."
_ 빌리 그레이엄

7 세상 속의 십자가

교회는 복음을 선포하면서 세상으로 나아가기 위해 세상으로부터 부름을 받았다.

_ 알리스터 맥그래스 Alister McGrath

다시 보는 십자가

교회와 세상

평신도 선교사

십자가의 증거자

7
+

세상 속의 십자가
_ 십자가를 증거함

"내가 복음을 부끄러워하지 아니하노니 이 복음은 모든 믿는 자에게 구원을 주시는 하나님의 능력이 됨이라 먼저는 유대인에게요 그리고 헬라인에게로다."
_ 로마서 1:16

'세상 속의 십자가', 이 십자가는 담대하게 세상 속으로 나아가 복음을 전하게 하는 십자가입니다. 세상으로부터 부름을 받은 교회는 구원받은 하나님의 백성들이 모여 있는 공동체이지만, 동시에 교회에게는 세상 속으로 나아가야 할 의무와 책임이 있습니다. 그 이유는 교회가 세상 속에 나아가 십자가를 증거하지 않으면 이 세상은 소망이 없기 때문입니다.

그래서 사도 바울은 자신이 증거하는 십자가의 복음을 부끄러워하지 않는다고 했습니다. 복음은 사람을 구원하는 능력이 있음을 확신했기 때문입니다. 그러므로 오늘날 우리도 이 확신을 가져야 합니다. 그리고 담대하게 세상에 나아가 이 귀한 십자가의 복음을 전해야 합니다.

1. 교회와 세상

교회가 세상 속으로 적극적으로 찾아가야 하는 이유는 이 세상은 하나님 없이는 소망이 없기 때문입니다. 오늘날 문명은 계속적으로 발전하고 있고 의학이나 과학 기술도 눈부시게 발달하고 있지만 이 세상은 점점 더 혼란스러워지고, 죄와 고통은 더 더욱 가중되고 있음을 부인할 수가 없습니다. 그러므로 우리는 이 혼돈된 세상을 구원할 방법이 무엇인지 고민하지 않을 수 없습니다.

한 때는 교육이 세상을 구원할 수 있다고 믿었던 때가 있었습니다. 그러나 안타깝게도 제1차 세계대전과 제2차 세계대전을 겪으면서 사람들의 믿음은 무참히 깨지고 말았습니다. 그 이유는 "세계적으로 최고의 교육 수준을 갖춘 나라들이 인류 역사상 최악의 잔학 행위에 연루되었다는 사실"[1]이 속속 밝혀졌기 때문입니다.

지식의 유용성에 대해서는 이견이 없지만, 지식이 인간의 문제를 해결할 수 없음은 자명한 사실입니다. 우리가 선을 택하지 않고 악을 택하는 것은 그에 대한 지식의 부족보다는 선을 알고도 선을 행할 능력이 없고, 악을 알고도 악을 행하지 않을 능력이 없기 때문입니다.

이것은 교육을 많이 받고 높은 지위에 있는 사람들 가운데 부정부패와 스캔들이 더 많이 나오는 것을 보아도 알 수 있습니다. 교육은 그 자체로는 세상을 구원할 능력이 없습니다.

---

1) 폴 리틀, 『인생의 선택 예수님께 물어라』 (휘닉스, 2004), pp. 18-19.

그렇다면 경제 문제가 해결되면 세상의 어려움이 사라질까요? 한 때 사람들은 가난이 이 세계가 처한 문제의 원인이라고 생각한 적이 있었습니다. 사람들은 경제적인 불평등을 해결하면 세상의 문제를 해결할 수 있을 것이라고 생각했습니다. 이러한 관점을 가진 사람들 가운데 가장 대표적인 사람들이 공산주의자들이었습니다. 그들은 공산주의가 이 세상의 모든 문제를 해결해 주고 이 세상을 구원해 줄 것같이 생각했습니다.

그들은 공산주의를 통해 소득이 균등하게 분배되면 세상 모든 사람이 평등하게 잘 살 수 있는 지상 낙원이 올 것이라고 생각했습니다. 과거 동독이 공산주의의 지배를 받을 때, 피터 바이어하우스 박사는 그곳에서 공산당의 포스터에 적힌 레닌의 유명한 금언을 보았다고 합니다. "마르크스주의는 전능하다. 왜냐하면 진리이기 때문이다."[2] 그러나 인류의 역사는 공산주의 사상이 완전히 틀렸음을 증명해 주었습니다.

그렇다면 자본주의는 성공했습니까? 그렇지 않습니다. 자본주의가 공산주의보다 훨씬 더 나은 사상임은 분명하지만 자본주의도 완전하지 않습니다. 자본주의 안에도 여전히 많은 문제가 발생하기 때문에 이것이 인간 문제에 대한 완전한 해결책이라고 볼 수는 없습니다. 자본주의의 대표격인 미국의 현실에 대해 유명한 변증론자 폴 리틀은 이렇게 말합니다.

---

2) 피터 바이어하우스 , 『현대 선교와 변증』 (기독교문서선교회, 2004), p. 70.

"미국은 경제적 수준에서 세계 최고를 자랑한다. 가정, 학교, 공공기관, 대도시 빌딩 등 최첨단 자동화기기의 설치, 보급률이 선두를 달리고 있고 국민소득 또한 최고 수준이다. 그러나 범죄, 청소년 비행, 이혼율에서도 세계 최고 수준을 유지하는 것이 오늘날 미국의 현실이다. 이렇게 볼 때 경제적 풍요 역시 인류가 처한 근원적 문제를 해결해 주지 못하는 것 같다."[3]

인류의 문제가 이런 인간적인 노력만으로 해결되지 않는 이유는 무엇입니까? 이는 인류의 진보를 꾀하려던 사람들이 성경의 중요한 가르침을 놓쳤기 때문입니다. 인간은 근본적으로 죄인이기에 외적 환경이나 상황을 조금 바꾸고 개선하는 것만으로는 인간의 근원적인 문제가 해결되지 않음을 알지 못했던 것입니다.

사실 "우리가 진실로 두려워하는 것은 핵무기가 아니라 핵무기를 손에 넣은 '사람'"[4]입니다. 인간의 죄악에 대한 근본적인 해결책을 제시하지 않고는 인류가 당면한 문제를 해결할 수 없습니다. 우리에게 예수 그리스도의 십자가가 있다는 사실이 얼마나 감사한지 모릅니다. 예수님의 십자가는 인간의 죄 문제에 대한 하나님의 근본적이고 완전한 해결책이기 때문입니다.

그러므로 교회는 십자가의 이 피 묻은 복음을 열심히 전해야 합니다.

---

3) 폴 리틀, 『인생의 선택 예수님께 물어라』 (휘닉스, 2004), p. 22.
4) Ibid., p. 26.

교회가 이 세상에 줄 수 있는 것은 철학적이거나 정치적인 답변이 아닙니다. 인간의 죄 문제를 해결해 주고 사람들에게 영원한 생명을 주는 십자가의 복음입니다. 바울의 말처럼 교회는 이 십자가의 복음을 부끄러워하지 않아야 합니다.

오늘날 현대교회는 이것을 소중하게 여기지 않는 경향이 있습니다. 교회가 세상을 따라가다 보니 자신이 소유한 십자가의 복음이 얼마나 소중한지 잘 모릅니다. 알리스터 맥그래스의 지적처럼, 장자권을 소홀히 했던 에서와 비슷합니다. 예수 그리스도라는 보물을 소유하고도 자신의 영적 특권이 얼마나 대단한지를 잊고 있습니다.

에서의 문제가 무엇입니까? 눈에 보이지 않는 장자의 특권과 축복보다는 당장 눈앞에 보이는 팥죽 한 그릇을 더 귀하게 여겼습니다. 성경은 이런 에서를 망령된 자라고 합니다 히브리서 12:16. 자신에게 주어진 영적 축복보다 당장 눈에 보이는 세상의 유익을 더 귀하게 여겼기 때문입니다. 교회는 이런 망령된 모습을 보여서는 안 됩니다.

교회는 그 무엇보다 그리스도의 십자가를 줄 수 있어야 합니다. 존 C. 라일은 십자가에 못 박힌 그리스도가 없는 교회는 "물 없는 우물, 열매 없는 나무, 잠자는 파수꾼, 울리지 않는 나팔, 말 못하는 증인, 평화를 전하지 못하는 사절, 불 꺼진 등대, 믿음이 약한 자에겐 걸림돌, 악마에겐 기쁨, 하나님에겐 거역"[5]과 다를 바 없다고 했습니다.

우리는 세상의 화려함에 속아서는 안 됩니다. 모든 것을 다 갖춘 듯이

---

5) 존 C 라일, 『십자가의 생활』 (기독교문서선교회, 1999), p. 294.

느껴지는 세상의 화려함을 보고 그리스도의 십자가 없이도 행복하게 잘 살 것으로 착각하면 안 됩니다.

사무엘 채드윅은 "세상의 상징은 술잔이고 영의 나라의 상징은 십자가다."[6]라고 하면서 아무리 세상이 화려해 보이고 인간의 천재성을 멋있게 반영하더라도 여전히 요한계시록에 등장하는 바벨론에 지나지 않음을 기억해야 한다고 합니다.[7]

요한계시록에 나오는 바벨론의 특징은 화려하지만 죄악으로 가득 찼습니다. 그럴 듯해 보이지만 결국 무너집니다. "또 다른 천사 곧 둘째가 그 뒤를 따라 말하되 무너졌도다 무너졌도다 큰 성 바벨론이여 모든 나라에게 그의 음행으로 말미암아 진노의 포도주를 먹이던 자로다 하더라" 요한계시록 14:8.

이 세상 사람들이 아무리 성공과 명성과 화려함에 도취되어 술잔을 기울이고 파티를 하며 왁자지껄 살아가더라도 그것이 영원한 행복이 될 수 없음을 알아야 합니다. 그들이 누리는 기쁨과 쾌락은 일시적입니다.

그들에게는 다른 무엇보다 십자가의 복음이 필요합니다. 교회는 하나님이 주신 가장 귀한 선물인 이 십자가의 복음을 한순간도 놓쳐서는 안 될 것입니다.

---

6) 사무엘 채드윅, 『십자가의 능력』 (바울, 2006), p. 102.
7) Ibid., p. 109.

2. 평신도 선교사

교회는 세상으로부터 부름받은 공동체입니다. 동시에 세상 속에 들어가 세상을 밝혀야 할 사명이 있습니다. 성경을 보면 하나님의 명령에는 '오라'는 명령과 '가라'는 명령이 언제나 같이 있음을 알 수 있습니다. 예수님은 제자들에게 자신을 따라 오라고 부르셨습니다. 이는 자신과 함께 있게 하시기 위해서입니다. 동시에 예수님은 그들을 파송하여 세상 속으로 보내셨습니다. 전도하기 위해서입니다. 성경에는 이렇게 표현되어 있습니다. "이에 열둘을 세우셨으니 이는 자기와 함께 있게 하시고 또 보내사 전도도 하며"마가복음 3:14.

이것을 오늘날의 교회에 적용하면 '모이는 교회'와 '흩어지는 교회'라고 할 수 있습니다. 알다시피 교회는 건물이 아닙니다. 교회는 '구원받은 사람들의 모임'입니다. 사도행전, 요한계시록, 바울의 초기 서신들과 야고보서, 요한삼서에서 교회는 건물이 아니라 언제나 특정 지역의 회중을 뜻했습니다.[8]

고린도전서에 다음과 같은 말씀이 나옵니다. "고린도에 있는 하나님의 교회 곧 그리스도 예수 안에서 거룩하여지고 성도라 부르심을 받은 자들과 또 각처에서 우리의 주 곧 그들과 우리의 주 되신 예수 그리스도의 이름을 부르는 모든 자들에게"고린도전서 1:2. 여기에서 바울은 '그리스도 예수 안에서 거룩하여지고 성도라 부르심을 받은 자들'을 '고

---
8) 한국기독학생회출판부, 『IVP 성경사전』 (IVP, 1992), p. 46.

린도에 있는 하나님의 교회'라고 표현합니다. 즉 교회는 건물이 아니라 '부르심을 받아 모인 무리'인 것입니다.

이러한 교회를 '세상에서 부름을 받아 모인 무리'라는 뜻의 '에클레시아'라고 합니다. 동시에 '디아스포라'로서의 교회가 있습니다. '디아스포라'라는 말은 "비 유대 세계에 흩어진 유대인들"[9]을 의미하지만, 선교 초기에 흩어진 유대인을 통해 복음이 각처에 전해졌기에 이 말을 '세상 속으로 흩어져서 기독교 복음을 전하는 그리스도인'으로 이해합니다. 이것이 바로 '흩어진 교회'입니다.

그러므로 교회는 세상으로부터 부름받아 주일에 모여 예배드리는 '에클레시아'로서의 교회, 즉 '모이는 교회'로서의 성격도 있어야 하지만 평일에 세상 속에 흩어져 자신이 속한 삶의 자리에서 예수 그리스도를 증거하는 '디아스포라'로서의 교회, 즉 '흩어지는 교회'로서의 성격도 있어야 합니다. 민들레 꽃씨는 바람에 날려 퍼뜨려집니다. 마찬가지로 하나님은 우리가 주일날 교회에 모여 예배드리는 것도 기뻐하시지만, 주중에 세상 속으로 흩어진 교회로서 그리스도의 복음을 꽃 피우기를 또한 원하십니다.

그래서 교회는 성도들을 불러 모으기만 해서는 안 되고 세상 속으로 내보내야 합니다. 마태복음 마지막 구절을 보면 그 유명한 '지상 대명령' The Great Commission이 나옵니다. 예수께서 제자들에게 명령하신 가장 중요한 명령이라는 뜻입니다. "예수께서 나아와 말씀하여 이르시되

---

9) 한국기독학생회출판부, 『IVP 성경사전』 (IVP, 1992), p. 557.

하늘과 땅의 모든 권세를 내게 주셨으니 그러므로 너희는 가서 모든 민족을 제자로 삼아 아버지와 아들과 성령의 이름으로 세례를 베풀고 내가 너희에게 분부한 모든 것을 가르쳐 지키게 하라 볼지어다 내가 세상 끝날까지 너희와 항상 함께 있으리라 하시니라"마태복음 28:18-20.

폴 스티븐스는 레슬리 뉴비긴Lesslie Newbigin의 말을 인용하여 이 지상대명령보다 더 위대한 '지상 최고의 명령' The Greatest Commission이 있다고 주장합니다. 예수께서 부활하시고 난 뒤 제자들에게 명령하신 세상 속으로 나아가라고 하시는 명령입니다. "예수께서 또 이르시되 너희에게 평강이 있을지어다 아버지께서 나를 보내신 것같이 나도 너희를 보내노라"요한복음 20:21.

폴 스티븐스는 이 말씀을 예수께서 제자들에게 이 세상에서 완전한 성육신적 선교를 하라고 독려하시는 말씀이라고 해석합니다.[10] 그런 면에서 우리는 예수님으로부터 세상 속으로 파송받은 사도와 같은 존재라고 해도 지나친 말이 아닙니다.

사도Apostle라는 말은 예수님의 열두 제자에게만 국한되어 사용되는 말입니다. 원어적으로 이 말은 '보낸다'라는 뜻입니다. 이 단어는 신약성경에 무려 80회 이상 나오는데, 예수님의 열두 사도 이외에 하나님이 보내신 예수님을 일컫는 말로 쓰였고, 선교를 위해 교회에서 파송된 자들을 가리키는 말로도 사용되었습니다.[11] 그러므로 우리가 주님

---

10) 폴 스티븐스, 『21세기를 위한 평신도 신학』 (IVP, 2001), p. 242.
11) 한국기독학생회출판부, 『IVP 성경사전』 (IVP, 1992), p. 224.

의 이름으로 예수님을 증거하기 위해 세상에 보내진다면 예수님의 작은 사도라고 할 수 있습니다.

중요한 것은 하나님이 예수님을 이 땅에 보내셨고, 부활하신 예수님은 하나님이 자신을 보내신 것같이 사도들을 세상 가운데로 보내신다고 하셨으니 예수님의 제자 된 우리도 사도들의 뒤를 이어 세상 속으로 복음을 들고 나아가야 합니다. 예수님은 이러한 명령을 주시면서 동시에 숨을 내쉬며, 제자들에게 성령을 받으라고 하셨습니다 요한복음 20:22.

결국 우리가 성령을 받는 목적도 이와 같이 세상에 나아가 복음을 전하기 위함입니다. 이것을 한 번 더 확증해 주는 말씀이 바로 사도행전 말씀입니다.

> "오직 성령이 너희에게 임하시면 너희가 권능을 받고 예루살렘과 온 유대와 사마리아와 땅 끝까지 이르러 내 증인이 되리라 하시니라" 사도행전 1:8.

그러므로 예수님을 믿고 성령을 받은 사람은 누구든지 예수님의 사도처럼 세상에 나아가 복음을 전해야 할 책임이 있습니다. 다만 그런 사람을 사도라고 부르면 성경에 나오는 예수님의 열두 사도와 혼동이 있을 수 있으니 '평신도 선교사'라고 부르는 것이 좋을 듯합니다.

일반적으로 선교사라면 말이 통하지 않는 먼 아프리카 같은 곳에 가는 사람을 생각하지만 실제 삶의 자리가 선교지이고, 그곳에서 복음 전하는 삶을 산다면 우리는 모두 선교사입니다. 엄밀히 말해 평신도라는 말 자체에 어폐가 있습니다. 성경은 성직자와 평신도를 구분하기보다는 모두 하나님의 백성으로 이해합니다. 다만 주님을 위하여, 교회 안에서 전임 사역하는 목회자와 세상 속에서 전임 사역하는 일반 성도로 나누어질 뿐입니다.

하나님은 교회의 리더십을 인정하시고 그들을 안수하여 따로 세우십니다. 중요한 것은 주의 일을 위해서 목회자만 부름받은 것이 아니라는 사실입니다. 하나님은 교회의 모든 성도를 주님의 일을 위해 부르시고 세우셨습니다.

그레그 옥덴 같은 신학자는 세례를 모든 그리스도인이 사역으로 부르심을 받는 상징으로 이해해야 한다고 주장합니다. 전통적으로 우리는 세례를 우리가 하나님 안에서 누리는 용서와 은총의 상징으로만 이해해 왔는데, 이제는 세례의식을 예수 그리스도를 위하여 섬기는 삶을 살기 위해 능력을 부여받는 의식으로 확대해서 이해할 필요가 있다는 것입니다.[12]

세례를 받고 온전한 하나님의 자녀가 되었다면 자신의 직분이 무엇이든 몸담고 있는 삶의 자리에서 예수 그리스도의 복음을 증거하는 선교사 역할을 감당해야 합니다. 이것이 하나님이 기뻐하시는 삶입니다.

교회 구성원의 99%가 평신도이기 때문에 세상에 구원의 소식을 전하기 위해서는 '평신도'들을 동력화하는 것이 매우 중요합니다. 그들이 사회 속에서 영적 영향력을 끼치지 못하면, 예수님의 십자가를 땅끝까지 전하는 것은 아예 불가능합니다. 그들을 일깨워 삶의 자리에서

---

12) 그레그 옥덴, 『새로운 교회개혁 이야기』 (미션월드라이브러리, 1998), pp. 290-292.

주님을 섬기게 하는 것이 오늘날 교회가 해야 할 가장 중요한 사명 중에 하나입니다.

그들은 세상 속에서 불신자에게 접근하기 쉬운 위치에 있습니다. 교회 목사나 전도사는 이들과의 접촉이 어렵습니다. 만남을 위해서 이들의 삶 속으로 들어가야 하는데 일반 성도들은 이미 그들과 함께 있습니다. 공장이나 은행이나 사무실 등에 이미 들어가 있습니다. 그래서 그들 밖에서 그 안에 들어가기 위해 따로 허가받지 않아도 됩니다.[13] 세상을 복음화하는 주역은 마땅히 일반 성도들이어야 합니다.

많은 경우에 주님을 위해 헌신해야 할 성도들이 '평신도'라는 이름으로 주눅이 들고 소극적인 신앙생활을 합니다. 그들은 세상 속에서 아무런 영향력도 끼치지 못합니다. 이것은 하나님 나라의 입장에서는 엄청난 손해입니다. 우리는 성도들의 헌신의 수준을 끌어올려야 합니다. 영적인 도전과 함께 삶의 현장이 주님의 복음을 전할 선교지임을 확실하게 인식시켜야 합니다.

'모자이크교회'의 어원 맥매너스 Erwin McManus 목사는 자신의 교회 등록 교인들을 교역자라고 부릅니다. 이전에 교역자로 불렸던 사람들은 리더십 팀이라고 합니다. 이렇게 교인들의 수준을 높인 결과 맥매너스 목사는 로스앤젤레스 지역에 600명이 넘는 고역자들을 선교사로 위임할 수 있었습니다.

그는 교인들에게 이렇게 도전합니다. "이제 교역자로 살아야 합니

---

13) Elton Trueblood, *Your Other Vocation* (New York: Harper & Brothers, 1952), pp. 41-42.

다. 교역자에 준하는 책임을 져야 합니다. 직업으로 사역의 접촉점을 삼으세요. 당신은 그리스도의 사명을 완수하기 위해 이 땅에 존재합니다. 당신은 모자이크교회의 교역자가 되는 겁니다."[14]

모자이크교회가 교인들에게 요구하는 조건은 다음 네 가지입니다: 복음을 따라 산다. 최소한 십일조를 한다. 사역을 통해 섬긴다. 거룩한 삶을 산다.

기독교는 철저히 현실 속의 종교입니다. 신약성경은 헬라어, 즉 그리스어로 기록되었는데 이 헬라어는 당시에 고급 그리스어가 아니었습니다. '코이네 헬라어'라고 시장통에서 사용하던 일상적이고 평범한 헬라어였습니다.[15] 이것은 하나님의 말씀이 고상한 자리에만 위치해서는 안 되고 사람들 속으로 파고 들어가야 함을 보여주신 것이라고 생각합니다.

기독교는 철저히 현실 중심의 종교입니다. 누구 말처럼 예수님은 산에서 도 닦다가 돌아가신 분이 아닙니다. 예수님은 철저히 삶의 현장으로 나오셨습니다. 그리고 친히 현실 세계에서 고통받고 아파하는 사람들을 섬기고 돌보다가 죽으셨습니다. 그러므로 그리스도인이 십자가를 따른다는 것은 고난의 현장 속으로 그리스도의 사랑을 들고 들어가야 함을 의미합니다. 조지 맥리오드George McLeod가 쓴 '십자가를 골고다로 옮겨 놓아라.'는 시가 있습니다.

---

14) 밀프레드 미내트레아, 『미국의 감자탕 교회들』 (생명의말씀사, 2007), p. 84.
15) 필립 W. 컴포트, 『성경의 기원』 (엔크리스토, 2010), pp. 328-330.

"시장 한가운데 그리고 교회 뾰족탑 위에
십자가가 다시 세워져야 한다고
나는 단지 주장할 뿐이다.
예수님이 성당 안 두 촛대 사이에서
못 박히신 것이 아니라는 것을
나는 다시 강조하고 싶다.
두 강도 사이에 있었던 십자가 위
도시의 쓰레기더미 위
정치의 교차로에서, 너무나 세계적이어서
그의 죄목을 쓸 수밖에 없었네.
히브리어로, 라틴어로 그리고 헬라어로
빈정대는 사람들의 쌍소리와
강도들이 저주하며 군병들이 제비 뽑던 그런 곳
그 곳이 바로 주님이 죽으신 곳
그것이 바로 주님이 죽으신 이유
거기가 바로 크리스천들이 있어야 할 곳이요,
교회 다니는 사람들이 무언가 해야 하는 곳."[16]

시인이 무엇을 노래하며 무엇을 전하려는지 이해되십니까? 세상 속에 십자가가 서 있어야 할 필요성에 대해 이야기한 것입니다. 주님의 십자가는 철저히 세상 속의 십자가입니다. 주님은 험악한 강도들 사이

---

16) 척 스윈돌, 『척 스윈돌의 설교 예화 1500선』 (디모데, 1998), p. 452.

에서 처참한 방법으로 십자가에 달려 돌아가셨습니다. 그러므로 그리스도인은 자신이 속한 자리가 아무리 힘들고 어렵더라도 주님의 십자가를 증거해야 하는 자리임을 결코 잊어서는 안 됩니다.

3. 십자가의 증거자

이 시대는 포스트모던 시대입니다. 포스트모던의 특징은 사람들이 절대적인 권위도 절대적인 진리도 부정하고 믿지 않습니다. 그래서 기독교 복음 증거가 과거보다 한층 더 어려워졌습니다. 절대적인 진리를 인정하지 않기에 사람들에게 다가가 복음 진리를 설명하는 것이 결코 쉬운 일이 아닙니다. 그렇다고 절망할 필요는 없습니다. 비록 복음을 받아들이지는 않지만 사람들은 영적인 것에 관심이 없지는 않습니다. 오히려 그 반대입니다. 영적인 것에 아주 관심이 많습니다. 별자리, 운세, 요가, 초월 명상이나 해리 포터 같은 판타지 소설, 영적인 주제를 다루는 영화에 관심이 많은 것을 보면 알 수 있습니다.

『뉴스위크』지에서 실시한 여론 조사에서 자신이 종교적이거나 영적이지 않다고 답한 사람은 겨우 8%에 불과했다는 통계도 있습니다.[17] 이것은 현재 미국 사람의 92%는 신앙이나 종교, 혹은 신의 존재 같은 영적인 주제에 관심이 있다는 의미입니다.

---

17) J. P. 모어랜드, 팀 뮬호프, 『예화로 풀어보는 기독교 변증』(새물결플러스, 2009), p. 81.

그런데 문제는 대부분의 미국인이 하나님에 대한 지식이 부족하다는 사실입니다. 여론 조사를 통해서 보면, 하나님이 존재한다고 믿으며 하나님에 대한 개념도 약간은 있지만 대부분의 사람은 하나님이 멀고 희미하게 느껴진다고 답했습니다. 그들이 하나님을 개인적으로 알게 되는 경험을 한 적이 없기 때문입니다.[18] 이 같은 현대인의 영적 상태에 대해 앨런 워커는 이렇게 말합니다.

"오늘날 기독교의 복음이 무엇인지 제대로 알고 있는 사람은 별로 없다. 서구 사회에 전파되었던 복음은 이제 메아리만 남아서 사람들이 알아듣기에 너무 희미하다. 그러므로 사람들이 낯선 환경에 처했을 때 어색해 하며 당황하는 것처럼 교회 출석을 어색해 한다. 그 결과, 성경의 진리와 기독교의 가르침에 무지한 자들이 계속 생겨나고 있다."[19]

이것은 우리나라도 크게 다르지 않을 것입니다. 우리나라 사람들도 하나님과 예수님에 대하여 한두 번 듣지 않은 사람은 별로 없을 것입니다. 문제는 대부분의 사람이 기독교에 대하여 제한된 지식을 갖고 있으며, 기독교 신앙을 갖는 데 별 관심이 없다는 사실입니다. 그러므로 이러한 시대에 그리스도인이 자신이 가진 예수 그리스도의 복음을 제대로 전달하는 것은 쉬운 일이 아닙니다.

---

18) 빌리 그레이엄, 「인생」 (청림, 2006), p. 44.
19) Alan Walker, *The Whole Gospel for the Whole World* (New York: Abingdon Press, 1957), pp. 29-30.

그럼에도 불구하고 우리는 복음을 들고 세상 속으로 나아가야 합니다. 하나님이 원하시는 일이기 때문입니다. 성경은 "하나님은 모든 사람이 구원을 받으며 진리를 아는 데에 이르기를 원하시느니라"디모데전서 2:4고 했습니다. 그러므로 우리가 가진 예수 그리스도의 십자가 복음을 이웃에게 전하는 데 부지런해야 합니다. 어떻게 하면 이 복음을 효과적으로 전할 수 있을까요?

복음 증거는 말로 하는 증거와 삶으로 하는 증거로 나누어 볼 수 있는데, 이 둘은 서로 보완적입니다. 그러므로 말과 삶으로 전해야 합니다. 중요한 것은 주변 사람들에게 다가가고자 하는 노력을 멈춰서는 안 된다는 것입니다. 우리는 세상 사람들과 친구가 되어야 합니다.

그렇다고 완전히 동화되라는 말은 아닙니다. 그리스도인은 소금의 짠맛을 잃으면 안 됩니다. 그러나 그들을 멀리하다가 복음을 전할 기회조차 잃으면 안 됩니다. 지혜롭게 세상 사람들에게 접근할 필요가 있습니다. 우리의 정체성을 지키며 그들과 충분한 친밀감을 가질 수 있도록 다가가야 합니다. 이러한 접근 방식을 '거룩한 세속화'라고 표현할 수 있습니다. 세상 속으로 들어가되 거룩함을 유지하면서 들어가야 합니다.

이들에게 복음을, 십자가의 사랑을 전하려면 어떻게 해야 할까요? 말로 증거하는 것과 삶으로 증거하는 것으로 나누어 설명해 보겠습니다.

1) 말의 증거

우리는 기독교를 말로 분명히 설명할 수 있어야 합니다. 처음 만나자마자 기독교의 복음 메시지를 쏟아내서는 안 되겠지만, 기회가 주어지면 언제나 자신이 믿는 바가 무엇인지 분명하게 증거할 준비를 해야 합니다.

기독교 신앙은 믿음도 필요하지만 지적 이해도 필요합니다. 기독교 신앙을 가지는 것은 불신자들이 흔히 생각하는 것처럼 '지적 자살'의 감행이 아닙니다. 아무 것도 모르면서 맹목적으로 덮어 놓고 믿는 것이 아닙니다. 모어랜드의 말처럼 성경적인 믿음이란 "하나님 나라의 속성에 합당하게 행동하는 기술이자 능력이며, 실제로 믿을 만한 이유가 있는 것을 신뢰하는 것"[20]입니다. 믿음은 지성을 기반으로 합니다. 또한 모어랜드는 변증의 중요성을 강조합니다. 변증하는 훈련을 제자도의 정규 과목에 넣어서 지역교회가 변증법을 훈련하는 소모임을 만들어 온 회중이 변증에 익숙해져야 한다고 합니다.[21]

그러면 변증이란 무엇입니까? 변증론apologetics은 신학용어의 하나로 헬라어 '아폴로기아'에서 나왔고 '방어하다'는 뜻입니다.[22]

이 용어는 그리스도인의 입장을 말로 방어함을 말하고 세속적으로도, 영적으로도 모두 쓰입니다. 세속적으로는 고소당한 사람이 재판에서 자신을 변호하는 변론을 펴는 것을 말합니다. 영적 의미로는 두 가지로 쓰이는데, 소극적 의미로 기독교에 대한 근거 없는 비방을 반박하는 것에, 적극적으로는 기독교가 진리임을 입증하기 위한 설득력 있는 주장을 펼치는 데 사용됩니다.[23]

---

20) J. P. 모어랜드, 『그리스도를 향하는 지성』(죠이선교회, 2010), p. 25.
21) Ibid.
22) 피터 바이어하우스, 『현대 선교와 변증』(기독교문서선교회, 2004), p. 19.
23) Ibid.

효과적인 기독교 변증은 다리를 놓는 것과 비슷합니다. 다리는 분리된 두 지점을 연결하는 역할을 합니다. 이 세상은 하나님과 단절되어 있어 하나님을 낯설어 합니다. 변증은 이 단절된 세상을 하나님과 연결하는 역할을 합니다. 사람들로 하여금 하나님이 살아 계심을 깨닫게 하고 하나님께 다가갈 수 있는 방법을 발견하게 합니다.

변증이라고 너무 거창하게 생각하지 않아도 됩니다. 모든 사람이 변증학을 공부하거나 신학을 공부할 필요는 없습니다. 중요한 것은, 그리스도인이라면 누구나 복음을 전할 기회가 되면 복음을 분명히 설명할 준비가 되어 있어야 한다는 것입니다.

이에 대하여 성경은 이렇게 말합니다. "너희 마음에 그리스도를 주로 삼아 거룩하게 하고 너희 속에 있는 소망에 관한 이유를 묻는 자에게는 대답할 것을 항상 준비하되 온유와 두려움으로 하고" 베드로전서 3:15.

그러면 무엇을 변증해야 합니까? 오늘날은 과거와 같이 일방적인 진리 전달은 효과가 없습니다. 그래서 접촉점이 필요합니다.

어떤 사람에게는 부활에 관한 메시지가 효과적일 수 있습니다. 부활은 역사상 실제로 일어났던 사건으로 증거가 많습니다. 기독교 역사상 예수 그리스도의 부활을 깊이 있게 연구하다가 회심한 사람이 많습니다. 부활의 메시지를 효과적으로 전달하면 엘리트 계층의 복음화에 효과적일 수 있습니다.

창조론을 복음을 전하는 접촉점으로 사용할 수도 있습니다. 창세기 1:1은 천지 창조로 시작합니다. 창조 속에서 발견되는 여러 가지 증거들을 대화의 출발점으로 사용할 수 있습니다. 이를 위해 창조 과학에 관한 공부가 도움이 될 수 있습니다.

또한 구원론을 복음의 접촉점으로 삼기 위해 우리가 사는 세상이 처음 하나님이 창조할 때와 얼마나 동떨어져 있는지를 이야기할 수도 있습니다.

알리스터 맥그래스는 "인간 실존의 잔혹한 아이러니 가운데 하나는, 우리를 행복하게 해줄 것처럼 보이던 것들이 결국 모두 그 믿음을 배반하고 만다는 사실"[24]을 이야기한 적이 있습니다. 그러므로 하나님과의 파괴된 관계에서 오는 절망감에 대해 불신자와 이야기할 수 있습니다.

그의 책에 나오는 유명한 테니스 선수 보리스 베커Boris Becker의 이야기입니다. 그는 운동선수로서 출세했음에도 불구하고 공허감과 절망감으로 자살을 기도했습니다. "나는 두 번이나 윔블던 대회를 휩쓸었으며, 그 중 한번은 최연소 선수로 이룬 것이다. 나는 부자였다. 필요한 것은 돈이든 자동차든, 여자든 모두 있다. 그러나 이것들이 나의 행복을 의미하지는 않았다."[25]

『리더스 다이제스트』지에서 미국 최고의 영화배우 짐 캐리Jim Carrey도 비슷한 말을 한 적이 있습니다. "나는 누구나 부자가 되고 유명해지고 꿈꾸어 온 모든 일을 해봤으면 좋겠다. 그래야 그게 별것 아니라는 것을 알테니까."[26]

---

24) 알리스터 맥그래스, 『목마른 내 영혼』 (복있는사람, 2005), p. 13.
25) 알리스터 맥그래스, 『생명으로 인도하는 다리』 (서로사랑, 2001), p. 25.
26) 리더스 다이제스트, 2009년 2월호

빌리 그레이엄 목사의 책에 이와 비슷한 이야기가 많이 나옵니다.

한번은 자신의 아내와 함께 세상에서 제일 큰 부자로 손꼽히는 사람에게 점심 식사를 초대받았습니다. 초대한 사람은 75세의 노인이었습니다. 그는 식탁에 앉아서 두 뺨에 눈물을 흘리며 말했습니다. "저는 세상에서 가장 비참한 사람입니다. 사람이 원하는 것은 전부 가졌습니다. 어디든 가고 싶으면 전용 요트나 비행기를 타고 갈 수 있습니다. 원하는 것이 있으면 값이 얼마든 살 수 있습니다. 하지만 내면은 비참하고 공허합니다."[27]

언젠가 미국에서 가장 유명하다는 사람과 함께 텔레비전 토크쇼에 초대받았을 때도 비슷한 상황이 발생했다고 합니다. 방송이 끝난 후, 그녀는 자신의 삶이 공허하다며 목사님께 말했습니다. "제 아름다움은 사라졌어요. 늙어가고 있잖아요. 날마다 술로 살아요. 살아야 할 이유가 없어요."[28]

도대체 왜 이런 현상이 일어나는 것일까요? 인생의 진정한 의미와 목적이 많은 것을 소유하는 데 있지 않기 때문입니다. 빌리 그레이엄 목사는 인간이 하나님 아닌 다른 것으로 만족을 얻고자 하면 마치 "동그란 구멍의 네모난 말뚝처럼, 삶은 절대로 맞아들어가지 않는다."[29]고 했습니다.

그러므로 복음을 변증하고자 하는 사람은 이러한 인생의 허무함과

---

27) 빌리 그레이엄, 『인생』 (청림, 2006), p. 42.
28) Ibid.
29) Ibid., p. 43.

공허감을 주제로 삼아 복음이 줄 수 있는 참된 만족과 행복에 대해 이야기를 나눌 수 있습니다.

그것이 어려우면 구태여 남의 이야기를 하지 않아도 됩니다. 예수님을 만나기 전의 자신의 삶이 얼마나 허무하고 공허했는지, 예수 그리스도를 만나고 난 뒤 자신이 어떻게 삶의 목적과 평안을 찾았는지 짧게 간증식으로 설명해도 됩니다.

그로 인해 상대방이 관심을 가지면 4영리나 다른 기독교 지식을 정리해서 설명해 주면 됩니다. 효과적인 변증을 위해 더 많은 기독교적 지식을 필요로 한다면 필자의 책 『기독교를 알아야 인생의 답이 보인다』, 『만화로 보는 기독교』를 추천합니다. 많은 도움을 받을 것입니다.

무엇보다 중요한 것은 '때를 얻든지 못 얻든지' 항상 복음을 전하고자 애써야 합니다 디모데후서 4:2. 데이비드 림보 David Limbaugh는 이렇게 말합니다.

> "우리는 진리를 전해야 한다. 그것 때문에 대중의 인기를 잃고, 관용을 모르며 감성이 메마른 자라는 비난을 받고, 고난이나 핍박 가운데 설지라도, 우리는 진리를 전해야 한다. 온유와 두려움으로 복음을 전해야겠지만 무엇보다 중요한 것은 '복음을 전하는 것'이다. 그렇기에 우리는 관용을 모른다는 딱지가 붙을 위험에도 불구하고 그것을 핑계 삼아 침묵을 지켜서는 안 된다."[30]

---

30) 노먼 가이슬러, 프랭크 듀렉, 『진리의 기독교』 (좋은씨앗, 2009), p. 19.

2) 삶의 증거

오늘날 사람들이 기독교를 받아들이지 않는 데는 하나님을 제대로 알지 못한 이유도 있지만, 기독교에 대한 왜곡된 생각과 잘못된 오해로 인한 막연한 거부감 때문일 수도 있습니다. 그러므로 입으로 열심히 복음을 전해야 하지만 동시에 사람의 마음을 얻기 위해서는 삶을 통해 그리스도인의 향기를 드러내야 합니다.

예수님은 착한 행실을 강조하셨습니다. "이같이 너희 빛이 사람 앞에 비치게 하여 그들로 너희 착한 행실을 보고 하늘에 계신 너희 아버지께 영광을 돌리게 하라" 마태복음 5:16. 기독교인은 행실이 착해야 합니다. 불신자에게 선을 베푸는 것은 그들의 마음 밭을 가는 것과 마찬가지입니다. 복음을 들을 수 있도록 심령을 준비시키는 것입니다.

조지 헌터는 말합니다. "오늘날 교회가 전도와 선교를 위해서는 배가의 노력이 필요하다. 지난 몇 세기 동안 교회는 이미 파종하고 김매었기 때문에 곡식이 누렇게 익은 들판에 나가 추수만 하면 되었다. 그러나 지금은 수확하기 위해 먼저 밭을 갈고, 파종하며, 물을 주어야 한다."[31]

과거에는 사람들의 마음이 부드럽고 온유하여 마음에 이미 복음을 받아들일 준비가 되어 있는 경우가 많았습니다. 그러나 오늘날은 잘못된 교육과 대중 매체의 영향, 기독교에 대한 오해와 편견 때문에 사람들의 마음이 기독교에 대해 적대적이고 거부감이 많은 것이 사실입니

---

31) 조지 G. 헌터 III, 『잃은 양, 떠난 양, 버린 양을 찾아서』 (프리셉트, 1999), pp. 43-44.

다. 그러므로 사람들의 심령에 복음의 씨앗을 뿌리기 위해서는 먼저 그들의 마음 밭이 잘 준비되는 것이 필요합니다.

사실 기독교인의 잘못도 많습니다. 기독교인이 잘못을 저지르지 않고 성경 말씀대로 살았다면 많은 사람의 심령이 복음에 활짝 열려 있을 것입니다. 그러므로 이 부분에서는 기독교인이 반성해야 합니다.

생각해 보십시오. 인류 역사상 가장 비극적인 유대인 대학살이 가장 오랜 세월 동안 '기독교적'이라고 자랑하던 유럽의 한복판에서 일어났습니다. 또 후투 족과 투치 족 사이에 가장 사악한 종족 학살이 일어났는데 그들이 속한 르완다는 전체 인구의 80%가 그리스도인이라고 합니다.[32] 어떻게 세상 사람들에게 고개를 들 수 있겠습니까?

전 국민의 86% 이상이 기독교인이라고 자처하는 미국에서 오늘날 일어나는 일들을 보십시오. 살인율은 개발도상극보다 두 배가 높고, 어느 나라보다 훨씬 높은 비율의 인구가 철장 신세를 지고 있으며, 폭력과 마약은 모든 도심지에 만연되어 있습니다.[33] 이 얼마나 부끄러운 일입니까?

로날드 사이드는 역사적으로 있어 왔던 기독교인의 모순적인 행동을 날카롭게 지적합니다.

"북미의 그리스도인들은, 미국 정부가 원주민들과 세운 수많은 계약을

---

32) 로날드 사이드, 『이것이 진정한 기독교다』 (IVP, 1997), p. 10.
33) Ibid.

휴지 조각으로 만들고 그들의 씨를 거의 다 말리는 동안, 인디언들에게 선교사를 보냈다. 스페인 선교사들은 자신의 친척이 남미의 토착민을 잔인하게 정복하고 학살하는 동안, 그들에게 그리스도를 전했다. 심지어 유럽인 가운데 아프리카 사람에게 노예가 되기를 강요하면서, 뻔뻔스럽게 기독교를 전하는 이도 있었다. 어떤 보고에 따르면, 찰스턴에서 출항한 노예선 중에는 '선하신 예수의 배' 라는 이름의 배도 있었다."[34]

무슨 의미입니까? 기독교인이 세상에서 복음을 증거하려고 노력하더라도 삶에서 착한 행실을 드러내지 않으면 전하고자 하는 복음이 빛을 잃고 오히려 더 큰 반감만 살 수 있습니다. 그러므로 지금부터라도 지난날 기독교인이 저지른 잘못들에 대해 반성하고 성경적으로 올바로 행할 수 있도록 노력해야 합니다. 또한 소극적으로 잘못된 행동을 하지 않는 것을 넘어서서 적극적으로 사회의 부정부패를 바로 잡고 이 땅 구석구석에 하나님의 나라가 임하도록 해야 합니다.

존 스토트는 오늘날 이 사회가 썩고 냄새나고 부패했다고 이 세상을 탓해서는 안 된다고 말합니다. 오히려 이렇게 물어야 한다고 합니다. "교회는 어디 있는가? 예수 그리스도의 소금과 빛이 왜 우리 사회에 스며들어 이곳을 변화시키지 못하는 것인가?"[35] 즉 이 사회가 어두워지고 잘못되는 것은 복음 증거의 사명을 충실히 감당하지 못했기 때문

---

34) 로날드 사이드, 『이것이 진정한 기독교다』 (IVP, 1997), p. 195.
35) John Stott, *Human Rights and Human Wrongs* (Grand Rapids: Baker Book House, 1999), pp. 83-84.

이라는 것입니다.

존 스토트의 지적을 귓등으로 들어서는 안 됩니다. 오늘날 이 사회의 문제는 사회의 문제라기보다는 그리스도인의 문제입니다. 이 땅을 살아가는 그리스도인이 각자의 자리에서 복음의 증인으로 최선의 삶을 살았다면 사회가 이렇게 어두워지지는 않았을 것이고 기독교의 영향력이 이렇게 약화되지는 않았을 것입니다.

그래서 교회에서는 세계관 교육을 해야 합니다. 오늘의 교회는 교회 다니는 '기독교인'이 적은 것이 문제가 아니라 '올바른 성경적 세계관을 가진 기독교인'이 적은 것이 문제입니다. 교인 중에는 재벌 회장, 박사, 정치가, 문학가, 예술가 등이 많은데 정말 그리스도인처럼 사고하고 행동하고 말하는, 다시 말하면 기독교적 세계관에 흠뻑 젖은 교인이 드물기 때문에 경제계, 학계, 정치계, 문학계, 예술계 등에서 기독교적 영향력이 드러나지 않는 것입니다.

결국 신앙이 좋다는 것은 그 사람의 삶에 기독교적 세계관이 온전히 반영되었다는 것입니다. 기독교를 받아들이는 것으로 끝나서는 안 되고 기독교적 세계관으로 바뀌어야 합니다. 그래야만 온전한 그리스도인이 될 수 있습니다.

결국 성숙한 그리스도인이 되려면 삶에서 신앙과 생활이 통합되어야 합니다. 삶의 전 영역인 "학문, 과학, 예술, 정치, 경제, 노동, 교육, 가정, 문화 등 모든 영역"[36]에서 성경의 원칙이 그대로 적용되고 실천되

---

36) 김무현, 『성경적 세계관 세우기』 (말씀과만남, 2004), p. 87.

는 삶을 살아야 합니다. 그 때 사람들은 기독교인을 보며 감동받고 우리가 믿는 하나님에 대해 관심을 가질 것입니다.

우리는 아주 작은 일에서부터 성경적인 삶의 자세를 가져야 합니다. 토머스 머튼Thomas Merton은 "여러 말을 듣는 것보다 빗자루 쓰는 모습에서 그 수도사에 관해 더 잘 알 수 있다."고 의미심장한 말을 했습니다. 성경은 이것을 "그런즉 너희가 먹든지 마시든지 무엇을 하든지 다 하나님의 영광을 위하여 하라" 고린도전서 10:31 는 말로 간결하게 표현합니다.

우리는 예수께서 공생애 기간 동안 활동하신 3년 반의 모습으로만 예수님을 기억하는 경향이 있습니다. 그러나 꼭 알아야 할 사실은 예수님은 이미 30년 동안 목수 일을 하셨다는 것입니다. 누군가 이런 말을 했습니다. "예수 그리스도의 손바닥에는 십자가에 못 박힌 자국 이전에 이미 목수 일로 박힌 굳은살이 있었을 것이다."

확신하건대 예수님은 목수 일도 성실하게 하셨을 것입니다. 예수님이 만드신 가구나 의자는 그 누가 만든 것보다 더 튼튼하고 멋있었을 것입니다. 이것이 바로 생활 속의 영성입니다. 우리는 복음에 합당하게 생활해야 합니다.

예수 그리스도의 십자가를 올바로 증거하기 위해서는 이같이 십자가의 진리를 뒷받침할 만한 삶을 살아야 합니다. 그러면 우리가 증거하는 복음은 한층더 영향력 있게 전해질 것입니다.

"한 영혼의 회심은
한순간의 기적이나,
성자가 되는 것은
일생 동안의 작업이다."
- 엘렌 레드페스 -

세상의 빛과 소금이 된 여인

　대성그룹 총수의 부인이었으며 '대한기독교절제회'의 대표로 한국 교회에 큰 영향을 미친 여귀옥 권사는 예수 그리스도를 위해 십자가를 지는 삶을 산 증인입니다. 권사님은 사회적으로 특권층의 위치에 있었으나 평생을 검소하게 살면서 조국과 하나님의 나라를 위해 일평생 희생하며 헌신한 분이십니다. 『아름다운 동행』에 소개된 내용을 바탕으로 그녀의 일생을 정리해 봅니다.

　여귀옥 권사는 1923년 대구에서 태어났습니다. 그는 생전에 "사람이 한 번 죽는 것은 당연한 일인데, 약탕관을 머리에 두고 죽는 것보다 예수님의 이름을 위해 순교하는 사람이 되게 해주십시오."라고 기도했습니다. 그 후 김수근이라는 청년과 약혼을 하였고, 그가 일본 유학 도중에 건강이 나빠졌지만 믿음으로 결혼을 강행하였습니다. 시집을 간 후, 여귀옥 권사는 신장염을 앓는 시어머니의 대소변을 1년 넘게 받아냈습니다. 믿음의 마음으로 기꺼이 효도하는 며느리의 모습에 시어머니는 큰 감동을 받고 복을 빌어 주었습니다.

남편 김수근은 해방 이후 사업을 시작하였습니다. 지혜로운 여귀옥 권사는 회사 이름을 '대성'으로 지을 것을 권유하였고, 이로 인해 '대성그룹'이 탄생하게 되었습니다. 권사는 옳고 그른 것을 분명하게 구분하였습니다. 남편이 사기를 당하여 전 재산을 잃고 낙담할 때는 "밤에 도적이 들었다고 생각하고 잊으세요." 하였습니다. 그러나 남편이 주류업에 손을 대고자 할 때는 단호히 반대하였습니다.

그 후 교회에서 만난 젊은 부인을 돕기 위해 연탄공장 한쪽에 칠판공장을 열었는데 전쟁이 나는 바람에 창고 문을 잠가 둔 채 부산으로 피난을 갔습니다. 수복 후 돌아와 보니 학교마다 칠판이 필요해서 많은 칠판을 판매할 수 있었습니다. 남을 돕고자 하는 마음을 보신 하나님이 복을 주신 것이 아닌가 합니다. 그 후 대성그룹은 연료 계통 사업을 전문적으로 취급하며 마침내 재계 서열 10위권에 오르기까지 했습니다.

그러던 어느 날 여귀옥 권사의 집에 도둑이 들었고, 밤새 집안은 텅 비었습니다. 남편도 없던 그날 아침 여귀옥 권사는 아이들 앞에서 말했습니다. "우리 집은 아버지가 사업을 잘하시고 엄마는 신앙생활을 잘

하니 너희들은 지상낙원에 사는 것이나 다름없지 않느냐? 그러나 지난 밤에 물건을 가져간 사람은 얼마나 가난하기에 이런 일을 했겠느냐? 누가 이런 사람들을 구할 수 있겠느냐?" 아이들이 대답했습니다. "우리가 그 일을 하겠습니다." "그래? 그러면 우리는 잃은 것보다 얻은 게 많구나."

여귀옥 권사는 아이들과 함께 감사 기도를 드렸습니다. 그때 이웃에 사는 박 집사란 친구가 소문을 듣고 양치를 하다가 바가지까지 든 채 위로하러 왔다가 감사하는 여귀옥 권사를 보면서 함께 은혜를 받고 바가지를 머리에 얹은 채 춤을 추었습니다.

박 집사는 "이렇게 감사하는 신앙을 보다니, 오늘처럼 기쁜 날은 처음이야."라고 하였습니다. 여귀옥 권사는 그 자리에서 박 집사를 설득하였습니다. "우리 같은 사람이 문을 닫고 사니 결국 사람들이 밤에 몰래 와서 가져가는 것 아니겠습니까? 이제 우리가 주머니를 풀고 선한 일을 합시다."

이렇게 시작한 구제의 일을 40년을 넘게 했습니다. 먼저 다리 밑에서 살던 고아들을 거두었습니다. 전쟁 후라 고아들이 넘쳐났습니다. 그들을 위해 학교를 세우고, 장학금을 주었으며, 예배를 드렸습니다. 교도소를 찾아가 양식을 나누고 예배를 드렸습니다. 특히 여귀옥 권사는 알코올로 파괴된 가정의 자녀들을 보살피는 일에 헌신적이었습니다. "알코올에 망가진 사람들이 건강해질 수만 있다면 내 몸에 있는 피가 다 빠져도 좋겠다."며 매일 기도했다는 일화는 여귀옥 권사가 그들을 얼마나 안타깝게 여기며 사랑했는지를 잘 보여줍니다.

그녀는 술과 담배를 패가망국의 원인으로 보고 '기독교여자절제운동'에 참여하기 시작했습니다. 서울에 이사 온 뒤로는 서울에서도 그 일을 계속하였습니다. 서울역 앞에 작은 공간을 만들어 시골에서 서울로 올라온 여성들이 윤락녀로 빠지는 것을 막느라 애를 썼습니다. 여귀옥 권사는 남편의 반대를 무릅쓰고 사회운동에 나섰습니다. 그러니 생활비와 시간을 아껴야 했습니다. 그렇게 절제하며 대구와 서울에 절제회관을 건축하였습니다. 여귀옥 권사에게 그것은 곧 순교의 삶을 살아내는 일이었습니다.

남편의 도움을 직접 받을 수 없는 입장이기에 자녀들과 함께 고생을 많이 했습니다. 그러는 가운데 본인은 속옷도 기워 입을 정도로 철저히 근검절약하면서 생활비의 80%를 떼어 매년 50명의 장학생을 키워냈고 수많은 선교사와 목회자를 후원했습니다. 그리고 하나님이 허락하신 자녀들을 신앙으로 양육했습니다.

하나님이 여귀옥 권사의 신앙과 헌신에 자녀들을 축복해 주셨습니다. 자녀들 중 4명이 서울대를 졸업했고 3명이 하버드대 출신입니다. 특별히 돈 들여 공부를 가르친 적도 없는데 장남은 서울대 경영대학원을 수석으로 졸업했고 장녀는 서울대 미대를 수석 입학했으며 차녀는 이화여대 전체 수석으로 입학했습니다.

셋째 딸인 김성주 집사는 (주)성주인터내셔날이라는 패션유통업을 시작해 세계적인 기업으로 키워 냈습니다. 김성주 회장은 술과 뇌물을 써야만 사업이 된다고 하는 잘못된 사회풍토를 배격하고 하나님 방법대로 정직하게 사업을 해도 성공할 수 있다는 아름다운 선례先例를 남겼습니다.

현재도 매년 회사 순수익의 10%, 개인 수입의 30% 가까이를 기부하고 '성주재단' 등 사회활동을 통해 나눔 경영을 실천하고 있는 김성주 회장은 자신의 어머니 여귀옥 권사를 통해 신앙심과 사회적 책임을 배웠다고 합니다.

김 회장은 앞으로 통일 이후에는 자신의 전 재산을 북한을 재건하는 데 바치겠다고 이미 공개적으로 약속했습니다. 그녀는 이것을 그리스도인의 의무라고 생각합니다. 사회의 빛과 소금이 됨으로 그리스도의 십자가를 높이 드러낸 어머니 여귀옥 권사의 헌신이 이렇게 자녀를 통해 계속적으로 열매를 맺고 있습니다.

"기독교인이란 다른 사람들이 하나님을 볼 수 있게 해주는 열쇠 구멍이다."
_ 벤자민 프랭클린

맺는 글

기독교가 세상에 영향을 줄 수 있었던 것은
산상수훈이 아니라 갈보리 언덕의 십자가였다.

_ 제임스 앳킨슨

맺는 글

십자가를 선포하라

20세기 가장 위대한 설교자이자 복음주의 지도자로 인정받는 마틴 로이드 존스는 1927년 초 애버라본 샌드필즈에 있는 베들레헴 전진운동 선교교회의 담임 목사가 되었습니다. 그 후 런던 웨스트민스터 채플로 옮겨서 30년 동안 사역한 뒤, 목회를 시작한 지 50년째 되는 해인 1977년 2월 6일, 첫 부임지인 베들레헴 전진운동 선교교회로 돌아가 다시 설교하였습니다.[1]

강단에 선 그는 고린도전서 2:2을 본문으로 설교하였습니다. "내가 너희 중에서 예수 그리스도와 그가 십자가에 못 박히신 것 외에는 아무것도 알지 아니하기로 작정하였음이라." 그는 50년 전 그 교회를 처음 방문했을 때도 이 본문으로 말씀을 전했다고 성도들에게 상기시켰습니다.[2]

---

1) 마틴 로이드 존스, 『십자가에 못 박히신 예수 그리스도』 (복있는사람, 2008), p. 6.
2) Ibid., p. 9.

마틴 로이드 존스는 50년이라는 시간의 간격을 넘어 그 중요한 순간에 왜 이 본문으로 다시 설교한 걸까요? 바로 십자가의 메시지가 어떤 설교보다도 중요함을 강조하기 위해서입니다. 그는 50년의 시간 간격을 뛰어넘어 십자가의 메시지가 여전히 중요한 이유를 이렇게 설명했습니다.

> "세상이 어떤 상태에 있는지 말씀드리느라 여러분의 시간을 낭비할 필요는 없습니다. 우리는 위기와 재난의 세상에 살고 있습니다. 또 어떤 속보가 터져나올지 알 수 없습니다. 세상은 거의 모든 면에서 붕괴 상태에 처해 있습니다. 지금은 큰 분란과 혼란의 시대입니다. 이럴 때 우리에게 떠오르는 중대한 질문은 이것입니다. '기독교회는 이런 시대를 향해 해줄 말이 있는가? 교회가 해주어야 할 말이 무엇인가? 오늘밤 세상에서 가장 필요한 것은 무엇인가? 우리 각 사람, 모든 인간에게 가장 중요한 것은 무엇인가?'"[3]

끝없이 혼란스럽고 두려운 세상을 구원하려면 십자가의 메시지 외에는 진정한 대안이 없음을 알았기에 한평생 십자가의 메시지만 증거한 것입니다. 지금은 시대가 변했을까요? 지금은 십자가 메시지의 필요성이 줄었을까요? 전혀 그렇지 않습니다. 오히려 더 많아졌습니다. 마틴 로이드 존스가 설교했던 1900년대에 비해 지금의 세상 문제는 더 많고

---

3) 마틴 로이드 존스, 『십자가에 못 박히신 예수 그리스도』 (복있는사람, 2008), p. 11-12.

더 복잡하며 규모가 더 커졌습니다. 십자가의 메시지는 지금도 절실히 필요합니다. 그런데 문제는 오늘날의 교회가 이 십자가의 메시지를 잃어버리고 있다는 사실입니다.

교회 속에 침투한 실용주의의 영향, 교회의 세속화와 인본주의적 사고의 영향, 포스트모더니즘과 이에 따른 종교 다원주의의 영향으로 인해 교회는 십자가 복음의 핵심 메시지에서 벗어나 사람들의 귀를 즐겁게 하는 메시지를 전하는 데 더 열심을 내는 안타까운 상황이 발생하고 있습니다. 그러므로 우리는 그 당시의 영적 필요성을 바라보며 "교회가 해주어야 할 말이 무엇인가? 오늘밤 세상에서 가장 필요한 것이 무엇인가?"라고 소리치던 마틴 로이드 존스의 메시지에 다시 귀를 기울여야 합니다.

그는 원래 의사 출신입니다. 후에 소명을 발견하고 목회자가 되었습니다. 의사 특유의 예리함과 직관으로 시대를 분석하고 거기에 맞는 말씀을 증거함으로 당대에 가장 위대한 강해 설교자가 되었습니다. 의사로서의 경험을 바탕으로 설교자가 사람의 마음을 즐겁게 하는 메시지만 전하는 것은 대단히 위험하다고 했습니다.

로이드 존스는 이를 의학적 행위에 비유합니다. 그는 『목사와 설교』라는 책에서, 의사가 복통으로 고생하는 환자를 너무 불쌍하게 여겨 어떻게든 그의 고통을 멈추게 하려고 모르핀 주사나 아픔을 멈추게 하는 의약품만 사용한다면 훌륭한 의사라고 할 수 있는지 반문합니다. 그것은 친절한 행위가 아니라 위험한 행위라는 것입니다. "증상의 원인을 캐내기 전에 증세를 제거한다면, 환자가 일시적으로 나았다고 생각하도록 임시적인 평안을 주기 때문에 실제로는 해를 끼치는 셈이다."[4] 그는 아픔의 원인을 정확히 진단해서 그것을 제거하는 것이 중요하다고 강조합니다. "장내에 돌출종양이 생겼다면 잘라내야만 한다. 빠르면 빠를수록 좋다. 만일 환자를 단지 편안하게만 한다면 썩어서 더 나쁜 상태가 되기를 기다리는 것밖에는 안 된다."[5]

오늘날 교회에서는 십자가의 복음이 제대로 선포되지 않습니다. 이유가 무엇일까요? 여러 원인이 있을 수 있지만 가장 중요한 이유 중 하나는 복음은 '기쁜 소식'이지만 동시에 '나쁜 소식'이라고 생각할 수 있습니다. 복음은 예수 그리스도를 믿으면 구원을 받는 기쁜 소식을 전해 주지만, 동시에 지금 상태 그대로 있다면 하나님께 정죄받고 영원한 지옥으로 떨어진다는 나쁜 소식을 전해 줍니다. 십자가는 인간이 얼마나 심각한 죄인이며 이로 인한 하나님의 진노가 얼마나 끔찍한지를 생생하게 보여 줍니다.

사람들은 이것을 듣고 싶어하지 않습니다. 풍요롭고 편안한 사회에 길들여진 현대인은 부정적인 이야기를 아주 싫어합니다. 그러다 보니 설교자들은 그들의 마음을 즐겁게 하기 위해 알게 모르게 타협하고 이로 인해 복음에서 멀어진 설교가 강단에서 전해지는 현실을 부정할 수 없습니다.

그러나 말씀을 전하는 사명을 맡은 목회자들이 올바른 복음을 선포

---

4) 마틴 로이드 존스, 『목사와 설교』 (기독교문서선교회, 1993), p. 40.
5) Ibid.

하지 않으면 많은 사람을 영적인 죽음으로 이끌게 되고, 로이드 존스 말대로 심각한 범죄행위가 된다는 사실을 기억해야 합니다. 그럼에도 불구하고 오늘날의 강단에서는 여전히 그리스도의 십자가 복음에서 멀어진 메시지가 많이 선포되는데 놀랍게도 이 같은 경향은 최근에 시작된 것이 아니라 이미 19세기부터 시작되었습니다.

교회 역사상 가장 위대한 '설교의 황제'로 인정받은 찰스 스펄전은 살아 생전 당시 밀물처럼 밀려오는 자유주의의 영향에 대해 사람들을 각성시키고자 그의 생애 마지막 4년을 초기 모더니즘 조류와 맞서 싸우는 데 보냈습니다. 그가 58세의 다소 이른 나이에 생을 마감한 것도 이러한 일들로 누적된 피로 때문이 아니었는가 하는 생각이 들 정도입니다.

그는 자신이 출판한 월간지 『검과 흙손 The Sword and the Trowel』에 당시 잘못된 신학사조를 비판하는 글을 잇따라 실었는데 그것을 '내리막길 논쟁' The Down-Grade Controversy이라고 합니다. 자신의 월간지에 비슷한 제목의 글을 많이 실었기 때문입니다. '내리막길'이라고 표현한 이유를 존 맥아더는 이렇게 설명합니다.

> "스펄전은 성경의 진리가 가파르고 미끄러운 산봉우리와 같다고 했다. 한걸음 잘못 디디면 내리막길에 접어든다. 스펄전은 일단 교회나 그리스도인이 내리막길에 접어들면 점점 미끌어져 내려가는 힘이 거세진다고 했다. 회복은 쉽지 않고, 그리스도인이 영적 부흥을 통해 '오르막길'에 접어들 때에만 회복이 된다."[6]

스펄전은 이미 그가 목회하던 그 시대에 교회가 내리막길로 접어들고 있다고 생각했습니다. 진리에 대한 증거가 모호해지고 십자가에 대한 올바른 설교가 점차 사라지고 있었기 때문입니다. 어떻게든 그 상황을 바로 잡아 보려고 노력했지만 안타깝게도 대세는 이미 기울고 결국 그는 자신이 몸담고 있던 침례교 연맹에서 물러나는 결단을 내립니다. 그런데 어떤 일이 일어난 줄 아십니까? 놀랍게도 당시 침례교 연맹에서는 100명 중 95명이 찬성하는 가운데 스펄전 목사를 공식적으로 징계하였습니다.[7]

무엇을 말하는 것입니까? 세속화의 물결이 생각보다 훨씬 더 거칠고 무섭다는 것입니다. 그러므로 정신을 바짝 차려야 합니다. 오늘날 많은 사람이 과거보다 교회가 많이 약화되었다고 합니다. 교인수가 줄었고 사회에서 교회의 영향력이 약화되었다고 탄식합니다. 여러 가지 이유가 있겠지만 피 묻은 십자가의 복음이 제대로 선포되지 않아서 교회가 내리막길로 접어들게 되었다는 사실을 간과하면 안 됩니다. 그러므로 무엇보다도 그리스도의 피 묻은 십자가의 복음을 회복해야 합니다.

그리스도의 십자가가 그토록 중요한 이유는 기독교 복음의 핵심이기 때문입니다. 바울은 자신은 십자가에 못 박힌 그리스도를 전한다고 했고고린도전서 1:23, 자신이 자랑하는 것은 오로지 그리스도의 십자가라고 했습니다갈라디아서 6:14. 우리는 바울이 십자가를 대하는 태도를 본받아

---

6) 존 맥아더, 『복음을 부끄러워하는 교회』 (생명의말씀사, 1994), p. 25.
7) Ibid., p. 318.

야 합니다.

하나님은 그리스도의 십자가를 전하기 위해 교회를 세우셨습니다. 그리스도의 십자가를 선포하라고 설교자를 세우셨습니다. 그런데 교회와 설교자가 이 책무를 등한시한다면 하나님 앞에서 부끄러워서 얼굴을 들 수 없는 일이 생길 것입니다. 기억하십시오. 교회의 가장 소중한 보물은 예수 그리스도입니다. 예수 그리스도의 사역의 핵심은 십자가입니다.

역사상 스펄전만큼 위대한 설교자는 없었습니다. 가히 설교의 황태자라고 불릴 만합니다. 그러나 스펄전은 자신의 메시지에서 십자가의 중요성을 한 번도 무시한 적이 없었습니다. 특유의 해학적인 표현으로 설교를 시작하기만 하면 갈보리 언덕으로 빨리 뛰어 갔다고 고백했습니다. 이 말은 자신의 모든 설교가 예수님의 십자가 중심의 설교가 되도록 의식적으로 노력했다는 말입니다.

스펄전은 이런 말도 하였습니다. "저는 수년 전 주님으로부터 자신이 돌아올 때까지 십자가 아래에 서 있으라는 명령을 받았습니다. 그분은 아직 오시지 않았습니다. 하지만 저는 그분이 오실 때까지 거기에 서 있으렵니다."[8]

얼마나 겸손하고 아름다운 말입니까? 스펄전은 자신의 사역과 목회, 그리고 설교에서 예수 그리스도의 십자가가 차지하는 위치가 얼마나

---

8) C. H. Spurgeon, *The Old, Old Story*, The Spurgeon Archive (http://www.spurgeon.org/0446.htm).

중요한지 잘 알고 있었습니다. 그래서 오직 십자가 중심의 목회를 한 것입니다.

스펄전이 십자가를 그토록 소중하게 여기고 증거하는 데 혼신의 힘을 다했다면 오늘날 21세기를 살아가는 우리는 얼마나 더 십자가를 소중하게 여기고 높여야겠습니까? 오늘날 한국에는 거리 곳곳마다 십자가의 네온사인이 어두운 밤하늘을 찬란하게 밝히고 있습니다. 그러나 내부적으로 한국교회를 살펴볼 때, 외적으로 십자가 불빛은 늘어났지만 내적으로 교회 강단에서는 십자가에 대한 올바른 메시지가 많이 줄었다고 생각합니다.

지난 19세기, 20세기에 예수 그리스도의 십자가를 저버린 유럽교회들이 얼마나 쉽게 황폐해지고 피폐해졌는지를 우리는 똑똑히 지켜보았습니다. 찬란한 기독교 문명을 자랑하던 유럽교회들이 십자가 복음을 포기하니 텅 빈 교회당과 허무한 기독교 문명의 껍데기만 남은 것을 목격할 수 있습니다. 그러므로 한국교회는 이러한 유럽교회의 전철을 밟아서는 안 될 것입니다.

비록 뒤늦은 감은 있지만 다시 한번 조국교회에 찬란한 하나님의 부흥이 임하도록 예수 그리스도의 피 묻은 십자가의 복음을 더 높이 들고 더 분명하게 선포해야 합니다. 그렇게 될 때 하나님은 이 땅 이 민족을 긍휼히 여기시고 다시 한번 영광스러운 부흥과 회복의 역사를 허락해 주실 것입니다.

"십자가에 대한 믿음을 제거해 버리면
교회는 그만큼 생명력을 잃게 된다.
종국적으로 교회는 사라질 운명에 처하게 되며
그 호흡이 끊어지는 것은
단지 시간 문제다."
- P. T. 포사이드 -

나가는 말

"그리스도의 십자가는 여러 면에서 큰 빛을 발한다. 다이아몬드처럼 십자가에는 여러 면이 있다."
_ 마이클 그린

    기독교 신앙을 보석으로 표현한다면 십자가는 가장 빛나는 다이아몬드입니다. 여러 각도에서 다이아몬드를 볼 수 있듯이 예수 그리스도의 십자가도 다양한 관점에서 조명될 수 있습니다. 이 책을 통하여 십자가를 다양한 관점에서 살펴보았습니다.

  시작하는 글에서 9·11 테러시 무너진 잔해에서 발견된 십자가가 많은 사람에게 소망을 주었다고 말했듯이, 혹시 절망 가운데 처해 있을지라도 무너진 삶의 자리에서 십자가의 의미를 새롭게 발견한다면 다시 한번 소망의 자리로 나아갈 수 있습니다.

  자신의 지혜를 믿고 살다가 인간의 힘으로는 어찌할 수 없는 한계에 부딪혀 낙심하고 계십니까? 그렇다면 다함없는 지혜의 원천인 십자가를 바라보기 바랍니다. 십자가는 하나님의 지혜입니다. 하나님께는 절망이나 불가능이 없습니다. 하나님을 의지하는 인생은 어떤 상황에서도 다시 새롭게 일어설 수 있습니다.

지금까지 끊지 못한 죄로 인해 나약한 신앙생활을 하시는 분이 있으십니까? 공의의 십자가를 바라보기 바랍니다. 하나님은 십자가 사건을 통해 죄가 얼마나 심각한지, 죄의 결과가 얼마나 끔찍한지 보여주셨습니다. 이 사실을 깨닫는 사람은 죄의 자리에서 털고 일어나 다시금 거룩한 삶의 자리로 나아갈 수 있습니다.

또 자신에 대한 열등감과 무력감으로 자포자기한 분은 사랑의 십자가를 바라보기 바랍니다. 하나님은 자신의 아들을 죽음의 자리에 내어놓기까지 우리를 사랑하십니다. 이 사랑을 확신하게 된다면 세상에서 무서울 것이 없습니다. 이 같은 십자가의 사랑을 깨달은 사람은 인생의 새로운 희망과 용기를 발견하게 됩니다.

혹시 구원의 확신이 없으신 분이 있습니까? 은혜의 십자가를 바라보기 바랍니다. 예수님은 마지막 순간에도 죽어가는 옆 자리의 강도에게 구원의 은혜를 베푸셨습니다. 그러므로 여러분이 십자가가 주는 은혜의 선물의 의미를 올바로 깨닫는다면 지금 이 순간에도 구원의 자리로 나아갈 수 있습니다.

주님을 믿는다면서도 여전히 나 중심으로 살았다면 자기 부인의 십자가를 바라보기 바랍니다. 우리 안에 계신 성령께서 자신을 부인하고 주님 중심으로 살아가도록 도와주실 것입니다. 결코 쉽지는 않겠지만 자신을 의지하던 자리에서 성령 하나님을 의지하는 자리로 나아가면 과거의 나는 죽고 부활하신 주님과 함께 새 생명 가운데 살아가는 축복을 누릴 것입니다.

또한 삶의 목적이 없고 어디로 가야 할지 몰라 방황하는 사람은 주님께서 지워주신 사명의 십자가를 바라보기 바랍니다. 주님은 우리 각자를 제자로 부르시고 거기에 맞는 사명을 주셨습니다. 이 사명을 깨달은 사람은 행복합니다. 내 몫의 십자가가 무겁기는 하지만 자신의 사명을 깨달은 사람은 누구보다 보람 있는 삶을 살 수 있게 됩니다.

마지막으로 세상에서 늘 패배하고 낙심하는 사람은 세상 속의 십자가를 바라보기 바랍니다. 하나님은 저와 여러분 한 사람 한 사람을 십자가의 증거자로 부르셨습니다. 하나님은 여러분을 세상 속에서 승리하는 사람으로 만들기 원하십니다.

지금까지 실패하는 인생을 살았더라도 십자가 복음을 증거하는 자로 다시 서기를 소망한다면 하나님은 반드시 빛과 소금의 역할을 할 수 있도록 이끌어 주실 것입니다.

이 책을 통해 여러 이야기를 했지만, 가장 중요한 것은 십자가의 의미를 올바로 이해하고 삶의 각 부분에서 다시 새롭게 적용하는 것입니다. 이 십자가에 우리 삶의 초점을 맞추어야 합니다. 사도 바울이 십자가를 자랑하기 위해 이 세상의 모든 것을 배설물로 여겼듯이 우리의 자랑거리가 오로지 십자가이며, 우리의 존재 이유와 목적이 오로지 십자가를 증거하는 것이어야 합니다.

그 때에 하나님은 비록 모든 것이 무너진 '그라운드 제로' 같은 황폐한 자리라 할지라도 삶의 자리를 다시금 하나님의 은혜가 넘치는 소망의 자리로 바꾸어 주실 것입니다. 이 책을 읽는 여러분 모두에게 이러한 은혜가 있기를 간절히 기도합니다.

"십자가를 일종의 순교로 생각하지 말라.
그것은 지옥의 권세를 뒤흔든 최고의 승리였다."
_ 오스왈드 챔버스

생명의말씀사

사 | 명 | 선 | 언 | 문

> 너희가 흠이 없고 순전하여……세상에서 그들 가운데 빛들로
> 나타내며 생명의 말씀을 밝혀 (빌 2:15-16)

1. 생명을 담겠습니다.
만드는 책에 주님 주신 생명을 담겠습니다.
그 책으로 복음을 선포하겠습니다.

2. 말씀을 밝히겠습니다.
생명의 근본은 말씀입니다.
말씀을 밝혀 성도와 교회의 성장을 돕겠습니다.

3. 빛이 되겠습니다.
시대와 영혼의 어두움을 밝혀 주님 앞으로 이끄는
빛이 되는 책을 만들겠습니다.

4. 순전히 행하겠습니다.
책을 만들고 전하는 일과 경영하는 일에 부끄러움이 없는
정직함으로 행하겠습니다.

5. 끝까지 전파하겠습니다.
모든 사람에게, 땅 끝까지, 주님 오시는 그날까지
복음을 전하는 사명을 다하겠습니다.

생명의말씀사 서점안내

광화문점 110-061 종로구 신문로 1가 58-1 구세군 회관 2층
TEL.(02) 737-2288 / FAX.(02) 737-4623

강 남 점 137-909 서초구 잠원동 75-19 반포쇼핑타운 3동 2층 전관
TEL.(02) 595-1211 / FAX.(02) 595-3549

구 로 점 152-880 구로구 구로 3동 1123-1 3층
TEL.(02) 858-8744 / FAX.(02) 838-0653

노 원 점 139-200 노원구 상계동 749-4 삼봉빌딩 지하1층
TEL.(02) 938-7979 / FAX.(02) 3391-6139

분 당 점 463-824 경기도 성남시 분당구 서현동 273-1 대현빌딩 3층
TEL.(031) 707-5566 / FAX.(031) 707-4999

신 촌 점 121-806 마포구 노고산동 107-1 동인빌딩 8층
TEL.(02) 702-1411 / FAX.(02) 702-1131

일 산 점 411-370 경기도 고양시 일산구 주엽동 83번지 레이크타운 지하 1층
TEL.(031) 916-8787 / FAX.(031) 916-8738

의정부점 484-010 경기도 의정부시 금오동 470-4 성산타워 3층
TEL.(031) 845-0600 / FAX.(031) 852-6930

인터넷 서점

http://www.lifebook.co.kr